AF377719

PABLO CAMACHO LAZARRAGA
ALBERTO MARTÍN BARRERO

LA ENSEÑANZA DE LOS DEPORTES DE INVASIÓN EN LA EDUCACIÓN FÍSICA

UNA PROPUESTA DE INTERVENCIÓN BASADA EN EL BALONCESTO

ÍNDICE

1. INTRODUCCIÓN 9

2. MARCO TEÓRICO 11

    2.1. Características de los deportes de invasión 11

        A. Estructura formal y funcional............................... 11

        B. La lógica interna del juego................................. 12

    2.2. Características del proceso de enseñanza y aprendizaje . 12

        A. Interacción alumno-contenido: ¿cómo se adquiere el conocimiento?.. 13

            A.1. Control y aprendizaje motor............................. 13

            A.2. La toma de decisión en el deporte 23

            A.3. Tipos de aprendizaje.................................... 31

        B. Interacción profesor-contenido 40

        C. Interacción profesor-alumno............................... 42

3. PROPUESTA DE INTERVENCIÓN.............................. 49

    3.1. Problema de investigación 49

    3.2. Objetivos e hipótesis de investigación 50

    3.3. Variables del estudio 51

    3.4. Metodología 54

4. RESULTADOS ESPERADOS...................................... 59

5. CONCLUSIONES 63

6. IMPLICACIONES EDUCATIVAS.................................. 67

7. PROPUESTAS DE NUEVAS LÍNEAS DE INVESTGACIÓN 69

8. REFERENCIAS 71

9. ANEXOS 79

Prólogo

En pleno siglo XXI, la educación física y el deporte se ha posicionado como un elemento crucial en la formación de los seres humanos. La constitución de ciertos pilares básicos (profesionales con la formación adecuada, medios e instalaciones, programas deportivos etc.) sobre los que se establecen los hábitos saludables y deportivos cada vez son más solventes en la sociedad. Este hecho, ha permitido un progreso en la profesionalización del deporte, convirtiendo a clubes y entidades deportivas, colegios e institutos en los principales responsables de la educación deportiva de base, de la enseñanza de las diferentes modalidades deportivas y del entrenamiento deportivo.

Esta evolución del deporte no se puede entender sin afirmar que el estudio del proceso de enseñanza-aprendizaje ha constituido en las últimas décadas una gran preocupación en los profesionales de la educación física, extrapolándose, en los últimos años también, al ámbito del entrenamiento deportivo. Las nuevas tendencias sobre el estudio y aplicación de métodos de enseñanza y aprendizaje que emanan de las investigaciones en el campo de la psicología educativa y de la ciencia del deporte, han provocado un nuevo cambio de paradigma, el cual nos obliga a interpretar cualquier proceso de enseñanza-aprendizaje en el ámbito deportivo desde otra perspectiva. En primer lugar, entendiendo al alumno o deportista como un ente activo y dinámico dentro del mismo, convirtiéndolo en el centro del proceso y enriqueciéndolo a través de contextos y estrategias de aprendizaje que favorezcan su adaptación motriz a diferentes entornos. Además, hay que añadir que el profesor o entrenador es un elemento crucial en este proceso y también participe del cambio, sustituyéndose como figura que asume un rol absolutista, el cual ofrece modelos ideales de ejecución, y por el contrario, constituyéndose como un creador de contextos que estimule el proceso de aprendizaje del alumno, y dotando al mismo de las herramientas necesarias para que construya su propio proceso. En segundo lugar, este nuevo paradigma precisa de un cambio también en los procesos de entendimiento del sistema de control y aprendizaje motor, aspecto que nos guiará en la ejecución de nuevos planes y estrategias de enseñanza.

La lectura de esta obra nos ayudará a entender desde las bases teóricas, los elementos más importantes sobre los que se deben sustentar la enseñanza de los deportes de invasión, trasladando estas, a una propuesta de intervención en un deporte de estas características como es el baloncesto.

Alberto Martín Barrero

1. Introducción

El presente estudio se realiza sobre los deportes de interacción colectivo, especialmente sobre el baloncesto, con objeto de profundizar en el estudio y análisis de los factores que influyen durante el proceso de enseñanza y aprendizaje. En este tipo de deportes la alta incertidumbre se convierte en la característica fundamental que la distingue del resto de los deportes, con una interacción constante de objetivos a alcanzar, balón, campo de juego, compañeros, adversarios, etc. En este marco de desarrollo, las habilidades que se ejecutan son abiertas, predominantemente perceptivas o de regulación externa, pues dependen fundamentalmente de la propia organización y análisis de los estímulos que realiza el sujeto del entorno que le rodea, al contrario que ocurre con aquellos deportes de baja incertidumbre, cuyas habilidades son predominantemente habituales o estables, debiendo tener esto una incidencia directa sobre el planteamiento del diseño de las tareas que se realice para la mejora de dichas habilidades.

En cambio, actualmente se sigue tratando la enseñanza de las habilidades relacionadas con los deportes colectivos como si se trataran de habilidades cerradas ejecutadas en un entorno predominantemente habitual, lejos de la realidad del contexto donde los jugadores realmente utilizarán dichas habilidades específicas, utilizando para ello largas filas y múltiples repeticiones de un mismo gesto que, además de no provocar el efecto apropiado, favorecen la degradación de la motivación de nuestros alumnos por la práctica de este deporte.

Es por ello por lo que consideramos que debemos optimizar el proceso de enseñanza-aprendizaje de nuestros alumnos en las clases de educación física destinadas a la enseñanza de los deportes de invasión, en pos de mejorar tanto la comprensión del juego como la eficacia en su desarrollo, favoreciendo esto el aumento de la motivación de todos ellos hacia la práctica deportiva, pues el sentimiento de una mayor capacitación mejorará considerablemente la confianza y autoestima hacia la ejecución de las habilidades que se estén desarrollando.

2. Marco teórico

2.1. CARACTERÍSTICAS DE LOS DEPORTES DE INVASIÓN.

A. ESTRUCTURA FORMAL Y FUNCIONAL.

El hecho de que las habilidades de los deportes de invasión se ejecuten en un entorno variable determina la importancia de mejorar ciertos procesos cognitivos que favorezcan el desarrollo de la inteligencia motriz en los jugadores, pues ésta determinará su posible respuesta a las diferentes circunstancias del juego.

Durante una acción de juego no pueden presentarse dos situaciones exactamente iguales, y esto determina la manera en la que deban diseñarse las tareas a las que se enfrentan los jugadores durante las sesiones prácticas, pues con objeto de favorecer una adaptación gradual a las dificultades que presenta el juego, éstas deberán respetar una progresión en la incertidumbre y nivel dificultad.

Algunos de los elementos cuya disposición en el campo se modifica constantemente son los objetivos, la táctica, la técnica, la distancia entre el balón y la meta, la distancia entre el atacante con balón y la meta, la distancia entre el atacante con balón y su defensor, las características de los defensores, la actitud y disposición defensiva, desplazamientos de los atacantes y defensores, etc. Todo ello nos lleva a reflexionar sobre la tremenda necesidad de plantear situaciones de aprendizaje diferente a aquellos deportes donde la incertidumbre sea baja.

B. LA LÓGICA INTERNA DEL JUEGO.

Entendemos por lógica interna del juego a la relación que se establece entre todos los elementos que interactúan durante una acción de juego (Martín & Lago, 2005). Parlebás (2001) la define como al sistema de rasgos pertinentes de una situación motriz y de las consecuencias de la interacción de todos los elementos que la componen.

Por todo ello, y con objeto de optimizar el proceso de enseñanza y aprendizaje de nuestro deporte, deberemos profundizar en el entendimiento de estos elementos, pues determinarán la estructura y composición de las tareas que diseñemos.

La lógica interna de un deporte diferente como lo puede ser el tenis, estará determinada por elementos e interacciones diferentes, así como el salto de altura en atletismo o el ciclismo, debiéndose realizar interpretaciones diferentes de su particular realidad que nos lleven a acercarnos todo lo posible a las necesidades reales de los jugadores que actúan para su correcta formación o preparación.

De la relación que establecen los elementos de la lógica interna en nuestro deporte emergerá la necesidad de respetar determinadas condiciones a través de ciertos principios generales y específicos, así como las reglas de actuación para la solución de los diferentes problemas que plantea el juego.

2.2. CARACTERÍSTICAS DEL PROCESO DE ENSEÑANZA Y APRENDIZAJE.

La corriente constructivista afirma que el proceso de aprendizaje es complejo, y como tal, es el entrenador el que debe favorecer un aprendizaje significativo a través del diseño de situaciones en las que sean los propios jugadores los que construyan sus propios significados de la realidad a que se enfrentan. El entrenador, por tanto, pasará de ser un mero informador o transmisor de información a un mediador o guiador durante dicho aprendizaje. Ésta se convierte en la principal diferencia entre la concepción tradicional de la enseñanza y la actual, en la que se pretende que sea el alumno el verdadero protagonista de su aprendizaje.

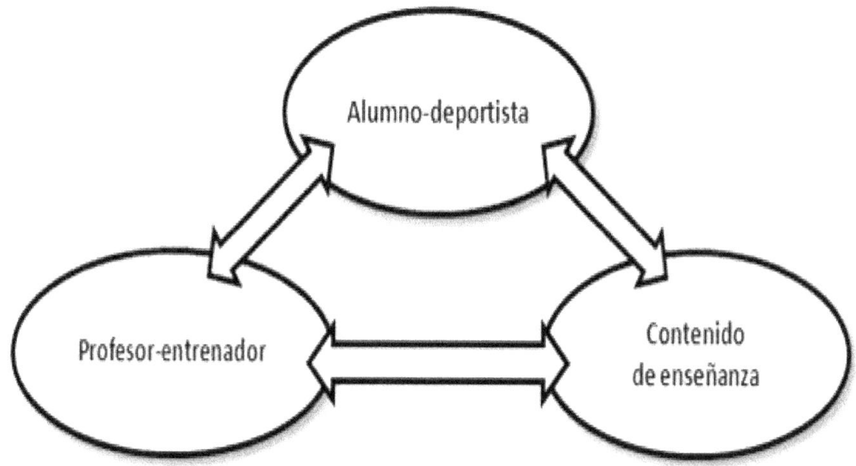

Figura 1. Elementos que intervienen en el proceso de enseñanza-aprendizaje. (Coll, 1996, citado por Cárdenas y Pintor, 2001).

A. INTERACCIÓN ALUMNO-CONTENIDO: ¿CÓMO SE ADQUIERE EL CONOCIMIENTO?

A.1. Control y aprendizaje motor.

Si le pidiéramos a un niño que por primera vez bote un balón, el niño probará repetidas veces mientras consigue mejorar paulatinamente el control del bote. ¿Qué ha aprendido este niño? La respuesta más común será: ha aprendido a ejecutar unos movimientos que desconocía. Pero hagamos más preguntas: ¿Realmente el niño no sabía mover su mano y extremidad superior hacia arriba y abajo? ¿Podemos afirmar que el niño antes era incapaz de realizar estos movimientos? ¿No era capaz de botar? Seguramente el niño ya había efectuado con anterioridad estos movimientos u otros similares. Entonces, ¿qué ha aprendido? Ha aprendido a coordinar sus movimientos en relación, a las características del balón, es decir, a coordinarlos adecuadamente en función de las exigencias del entorno. Ha establecido nuevas y estables relaciones con el entorno (Riera, 1989).

Todo comienza con un proyecto motor que el alumno inventa para alcanzar el movimiento deseado. Entre el repertorio de planes de actuación que la situación ofrece, el sujeto elige uno, que acomodará a su propia personalidad (Casáis & Lago, 2008).

Para comprender el proceso de aprendizaje de todas estas destrezas debemos intentar esbozar una serie de respuestas a preguntas tales como: ¿Qué cambios se producen cuando un niño o un adulto aprende a botar el balón, a saltar o a ir en bicicleta? ¿Qué distingue al sujeto que domina estas tareas del que no? ¿Qué elementos son comunes al aprendizaje de las tres tareas? ¿Cuáles son los aspectos diferenciales? (Riera, 1989).

Tradicionalmente se ha considerado al aprendiz como un sistema en caja negra, se le asimilaba con un ordenador, al cual se le introducían datos diariamente y era capaz de rendir tal y como estaba previsto. El individuo se convertía en un mero receptor de estímulos y sistema de respuestas. El entrenador no se preocupaba demasiado por cómo asimilaban, almacenaban y controlaban los jugadores sus movimientos. Sólo se preocupaba por transmitir la información que él tenía. Por lo tanto, el deportista entraba en una dinámica de repetición sistemática, donde se convertía en mero ejecutor de un modelo o ideal técnico preestablecido. Esta corriente de aprendizaje motor está basada en modelos conductistas.

Actualmente al jugador no se le considera una caja negra imposible de penetrar (sistema en caja traslúcida o determinado), el jugador no está sólo compuesto por receptores de estímulos y mecanismos de respuestas, es decir, podemos llegar a comprender cómo aprende y optimiza sus acciones deportivas. Como dice Ruíz (1994a), hemos pasado de una orientación basada en el producto (resultado) a una orientación fundamentada en el estudio de los procesos del aprendizaje motor.

Pero ¿cómo han influido estas dos concepciones metodológicas en el análisis de los fundamentos individuales del juego?

Tradicionalmente se realizaba un análisis secuencial de aquello que se pretendía enseñar, se partía de la búsqueda de un modelo, generalmente un jugador de élite, se definía la ejecución del movimiento por parte de ese jugador como ideal, y finalmente se fijaba y enseñaba su secuencia como la óptima, como la más correcta.

Pero ¿debemos forzar una conducta hipotéticamente correcta?

Riera (1989) nos dice que existen infinidad de formas de andar, correr y saltar... pero no se debe forzar a que todos los aprendices reproduzcan los mismos movimientos, es preciso conceder una cierta libertad para que cada uno de ellos pueda encontrar el conjunto de acciones que más se adapte a sus condiciones.

¿Qué entendemos entonces por buena técnica?

Knapp (1979) nos dice que la buena técnica se refiere a las cosas fundamentales más que a los detalles, y debe determinarse en relación, al individuo concreto. Una técnica apta para uno puede ser factor limitador para otro con cualidades físicas o psicológicas diferentes.

Se habla de técnica buena y adecuada cuando con ellas se consigue el nivel óptimo biomecánico en cada momento, un alto grado de virtuosismo, estabilidad, la utilización variable y el resultado deportivo perseguido (Martin, Carl & Lehnertz, 2001).

Martín-Barrero (2019), nos indica que el desarrollo de las diferentes habilidades y destrezas técnico-tácticas (saber hacer) deben tener un componente tanto motriz como cognitivo que permita adaptarse a las diferentes condiciones y situaciones espacio temporales.

Schonborn (1999) en su definición de *principio de individualidad*, nos dice que toda persona constituye una unidad independiente, incomparable, compuesta por muchos factores físicos y psíquicos que, todos unidos, forman su individualidad única e irrepetible.

Debemos entonces respetar la expresión individual, no nos referimos a una libertad total en la sucesión del movimiento, sino a que dicha sucesión deberá estar determinada por observadores científicos, reflexiones teóricas y experiencias prácticas que, a su vez, estarán caracterizadas por aspectos anatómico-funcionales, por normas de mecánica deportiva (biomecánica), por rasgos psíquicos, por capacidades y habilidades de preparación física y coordinación, por los mecanismos de control del sistema nervioso central y por las capacidades sensoriales y cognitivas (Daugs, Mechling, Bischke & Olivier, 1989; citado por Schonborn, 1999).

Pero ¿hasta qué punto debe aceptarse la libertad de movimientos del jugador sin que ejerza una influencia negativa en las partes prefijadas de la ejecución del movimiento?

Pongamos un ejemplo:

Los jugadores altamente diestros ejecutan las habilidades motrices de forma muy variada, y en muchos casos diferentes a tal y como se describe en los manuales técnicos. Sin embargo, su ejecución se caracteriza en todos los casos por dos aspectos, primero por tener un altísimo grado de eficacia y segundo por ser capaz de adaptarse a cualquier situación de juego (espacio/tiempo), siendo las más complejas las que definen a ese jugador por encima de la media. ¿A qué se debe?, ¿existe entonces más de un modelo ideal de movimiento?

Un análisis más a fondo de las técnicas empleadas nos haría llegar a la conclusión de que en la ejecución técnica de todos los expertos se dan unos cuantos elementos comunes, básicos y fundamentales. Es por ello por lo que debemos determinar aquellos aspectos que siempre deban realizarse de la misma manera. A estos elementos les llamaremos *elementos claves*.

Una vez detectados estos elementos, las actividades de práctica deberán, mediante la repetición, asegurar su adquisición, sin separar el concepto asimilación-incertidumbre, es decir, que esta habilidad se consolide en contextos con un mínimo de incertidumbre. El resto de las condiciones de práctica deberá ser muy variada, para así facilitar la posibilidad de adaptación de ésta a diferentes contextos, es decir, debemos potenciar la variabilidad alrededor de la ejecución estable y repetitiva de una serie de aspectos fundamentales.

La perfección del mecanismo motriz no reside en el invariable eslabonamiento de las acciones musculares, sino, por el contrario, en sus posibilidades de reorganización en todos los instantes de la ejecución y en el curso de las ejecuciones sucesivas (Le Boulch, 1978).

Pero ¿cuáles son esos aspectos fundamentales que debemos repetir?, ¿qué elementos debemos considerar claves o invariables en la ejecución de los diferentes fundamentos? En definitiva, ¿qué debemos enseñar?

Actualmente se realiza un análisis funcional de los fundamentos del juego. Se comprueban los fines y objetivos de cada movimiento, las condiciones previas para lograr dichos fines, todo ello apoyándonos en la teoría del movimiento, se proyecta y se define la sucesión óptima del movimiento, y finalmente se analiza a los jugadores de alto nivel según estos criterios.

Por todo ello se torna necesario conocer cómo asimilan, controlan y almacenan los movimientos nuestros jugadores.

TEORÍAS ACERCA DEL CONTROL MOTOR.

Primera hipótesis: hipótesis de los teóricos ecológicos

Sistema de control motor periférico en circuito cerrado (Adams, 1971; citado por Ruíz, 1994b).

Los jugadores controlan sus movimientos merced a los mecanismos de retroalimentación sensoriales (mensajes que informan a los sistemas de regulación motriz del sujeto de su estado Interno en referencial movimiento producido y de sus relaciones con el medio de forma continua). Las habilidades motrices se almacenan en forma de trazos perceptivos en la memoria. Existen tantos trazos perceptivos en la memoria como movimientos hábiles se dominan. Es un proceso cíclico en el que se compara la representación mental del movimiento previsto (trazo memoria) con la información contenida en la retroalimentación sensorial (trazo perceptivo).

Ruíz & Sánchez (1997) nos dice que este modelo es aplicable a aquellas tareas en las que continuidad de la acción y el ritmo requerido de ejecución permiten emplear las retroalimentaciones sensoriales durante el desarrollo de las mismas. La mayor parte de las órdenes se van dando a lo largo de su ejecución (figura 2).

Pero ¿controlan los jugadores todos los movimientos de la misma manera?, ¿qué ocurre cuando los movimientos son rápidos?, ¿qué tipo de control regula estas acciones? Estos mismos autores afirman que existen movimientos deportivos que por su rapidez hacen imposible su regulación momento a momento, vía retroalimentación sensorial, y por tanto reclamarán una programación previa del mismo. La mayor parte de las órdenes se dan antes del inicio de la ejecución de la habilidad (Batalla, 2000). A este conjunto de órdenes se le denomina *programa motor*, y tiene como función la regulación y el control de la respuesta.

Figura 2. Habilidad en la que la mayor parte de las acciones se dan durante la ejecución.

Segunda hipótesis: hipótesis de los teóricos motrices

Sistema de control motor en circuito abierto (Keele, 1982; citado por Boné, 1998a).

Defiende que existe un ilimitado número de modelos internos de los movimientos almacenados en la memoria (programas motores), los cuales están asociados a una información sensorial. El programa motor es una especie de imagen física. Es la estructura cognitiva de un gesto una vez automatizado.

Los programas motores son conjuntos organizados de órdenes en la memoria necesarios para la acción, cuyo despliegue no necesita de la participación de las retroalimentaciones. Existen tantos programas motrices almacenados en la memoria como acciones fueran posibles de ser realizadas. Cada acción reclamará su propio programa motor específico. Es un proceso lineal en el que el movimiento es tan rápido que no permite que tengan lugar los procesos de comparación y corrección propios del control motor en circuito cerrado.

Tercera hipótesis: sistema de control motor discontinuo o híbrido (Ruíz, 1994b)

El control motor no se refiere sólo a un movimiento aislado, sino que también se manifiesta en el desarrollo de una secuencia o secuencias motrices, con sus diferentes fases críticas, con vistas a la consecución de un objetivo que puede cambiar constantemente.

Pero surgen dos problemas, el primero, ¿pueden los jugadores almacenar todos los movimientos aprendidos? Ruíz y Sánchez (1997) afirman que los jugadores difícilmente realizan el mismo gesto dos veces exactamente igual, por lo tanto, están generando constantes adaptaciones que pueden considerarse nuevas variaciones de un mismo tema, que son en definitiva nuevos movimientos.

Y un segundo problema, ¿cómo pueden los jugadores realizar movimientos que previamente no hayan sido practicados?, ¿cómo podemos explicar la versatilidad y flexibilidad de las conductas motrices humanas?

La teoría del esquema

Es entonces cuando surge la *Teoría del Esquema* (Schmidt, 1975), la cual nos dice que este conocimiento se almacena de forma genérica y esquemática, y no de manera específica. Lo que almacenamos en la memoria no son patrones motores concretos y específicos para la ejecución de un gesto único, sino programas motores generalizados que guían la ejecución de familias de habilidades motrices (Programa motor general o generalizado).

Este programa motor general representa un plan previo al movimiento de carácter adaptativo, basado en habilidades ya aprendidas (programas motores) y adaptados a la situación específica. Se encarga de almacenar los elementos comunes o siempre presentes en la ejecución de una familia de habilidades. Se construye de forma activa y reflexiva. Posee un conocimiento que se abstrae de lo que es común a un conjunto de acciones o movimientos. No poseen todos los detalles de la acción motriz, sino que deben ser sometidos a un proceso de especificación de los parámetros (calibración), en el que los esquemas motrices de respuesta juegan un papel clave.

Según Barlet (1932), citado por Lawther (1968), una persona nunca reproduce un movimiento absolutamente nuevo, ni nunca repite absolutamente el mismo movimiento.

Pero ¿cuáles son entonces esos *elementos comunes* que abstrae el jugador de un conjunto de acciones o movimientos?, ¿cuáles son los elementos invariables del esquema motor? Según Ruíz (1995) estos son:

- *Orden de las acciones:* tiempo en el que interviene cada acción y cómo se alterna con las otras.

- *Estructura temporal de las contracciones:* contracción de los mismos grupos musculares en una intensidad y latencia media y en la misma alternancia contracción-relajación.

- *Fuerza relativa:* hace que la fuerza producida por cada grupo muscular sea aproximadamente la misma ensayo a ensayo.

Según Batalla (2000) las invariables del esquema motor son las trayectorias del movimiento y los ritmos de ejecución.

Pongamos algunos ejemplos:

Las letras que a continuación se muestran han sido escritas por personas diferentes. De arriba hacia abajo, la primera fila se corresponde con una persona de 40 años (mi hermano), la segunda fila con una persona de 74 años (mi padre), y la última fila con una persona de 103 años (mi abuela). Como vemos, ninguna de estas tres letras es exactamente igual, y sin embargo todas ellas son válidas, todas ellas son la letra "A" (figura 3).

Figura 3. Ejemplo 1 de movimientos aprendidos.

Pero incluso si les pidiéramos a cada una de esas personas que escribiera varias veces la misma letra, veríamos que ninguna de éstas se repetiría exactamente igual, y sin embargo todas ellas siguen siendo válidas, todas ellas siguen siendo la letra "A" (figura 4).

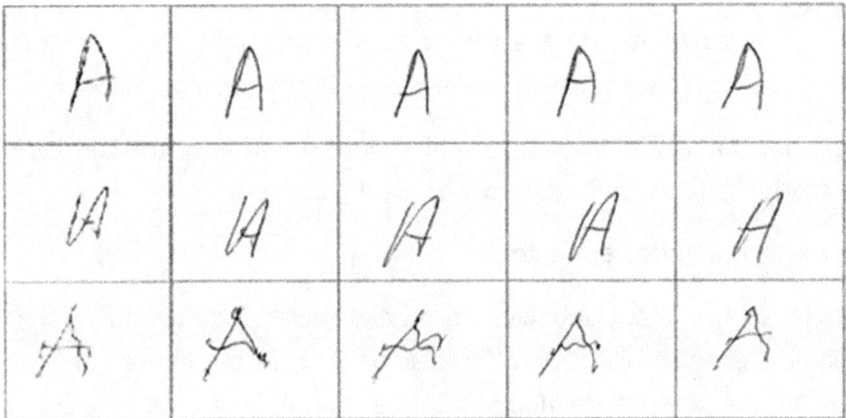

Figura 4. Ejemplo 2 de movimientos aprendidos.

Ruíz (1995) nos dice que la variabilidad de un gesto se produce a partir de un patrón común, que es el que se almacena.

Ya hemos visto que no podemos almacenar todos los movimientos en nuestra memoria. Entonces, ¿qué almacenamos realmente? (figura 5)

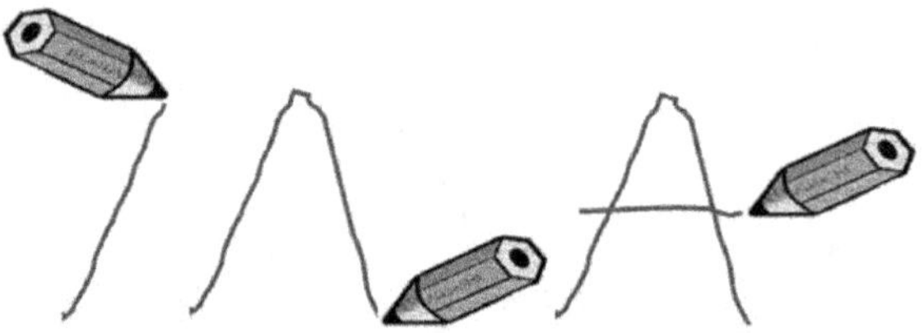

Figura 5. ¿Qué almacenamos en la memoria?

En primer lugar, se realiza una elevación, posteriormente un movimiento en sentido contrario, y por último uno transversal.

Pongamos otro ejemplo: "Las palabras llanas". ¿Aprendemos de memoria todas las palabras llanas para saber que lo son?, ¿o en cambio aprendemos una regla que incluya a todas ellas y nos permita reconocerlas? ¿Sabemos ahora qué repetir?, ¿son esos elementos invariables del esquema motor los elementos claves que debemos enseñar? ¿Eran entonces tan diferentes esos fundamentos ejecutados por expertos caracterizados todos por un alto grado de eficacia?, ¿o todos ellos comparten los elementos invariables o claves que son el eje fundamental vertebral de la ejecución de dichos movimientos? Es decir, los jugadores deberán reproducir lo esencial… para producir lo propio.

Una vez seleccionado el programa motor general de la clase de movimientos que se está ejecutando, el jugador deberá especificarlo en cada uno de sus parámetros para que se convierta en una conducta adaptativa (proceso de calibración). Rápida o lentamente, con más o con menos fuerza, etc. (Ruiz, 1994b).

¿Quién se encarga de regular estos parámetros? Es cuando se introduce la noción de Esquema de Respuesta, que es un conjunto de reglas que permiten contextualizar nuestra actividad motriz, es decir, aplicarla de forma variada según las condiciones concretas de ejecución (Schmidt, 1975). Es decir, cuando aprendamos a lanzar un balón, no memorizaremos la fuerza que debemos emplear desde cada distancia, sino una regla que relaciona ambos parámetros.

Por tanto, es el Esquema Motor de Respuesta el que convierte al programa motor general en una conducta adaptativa para la consecución de un objetivo. Este esquema surge de la abstracción de información de múltiples orígenes (Díaz, 1999):

- Condiciones iniciales previas a la respuesta.

- Especificaciones de la respuesta.

- Consecuencias sensoriales de las repuestas.

- Resultados obtenidos por las respuestas.

A.2. La toma de decisión en el deporte.

Quienes son buenos tomando decisiones no son aquellos que procesan más información o que dedican más tiempo a deliberar, sino aquellos que han perfeccionado el arte de hilar fino, de extraer los pocos factores que realmente importan a partir de una cantidad desmesurada de variables... cuando menos es más. De esta manera describe Gladwell (2005) el proceso de toma de decisión exitosa.

Uno de los aspectos principales de los deportes de equipo es que está caracterizado por la incertidumbre. Los deportistas tienen que tomar numerosas decisiones, que generalmente han de llevarse a cabo de manera rápida y precisa. Jugar bien en los deportes de equipo consiste en elegir la opción de juego más adecuada en cada momento y ser capaz de llevarla a cabo. Las continuas tomas de decisiones que afronta el jugador en cada instante se caracterizan por la necesidad de ser rápido (presión temporal) y, una vez tomada la decisión, la necesidad de actuar de forma técnicamente competente (exigencia de precisión) (García et al. 2009).

En los deportes de invasión adquieren gran importancia los factores relacionados con la táctica, especialmente en aquellos deportes donde predominan habilidades de carácter abierto o de regulación externa, y en los que existe una incertidumbre constante entorno al juego, donde el deportista desarrolla procesos cognitivos de carácter táctico, es decir, de toma de decisiones o selección de respuesta (García et al. 2009).

Tras muchos años en los que la principal preocupación de los técnicos ha sido el desarrollo de las destrezas motoras, las producciones científicas recientes han demostrado la importancia de los procesos cognitivos en la toma de decisiones, la necesidad de desarrollar estrategias orientadas a proporcionar autonomía al jugador y la influencia decisiva de las emociones en la elección adecuada de las respuestas (Iglesias et al. 2007).

Mahlo (1969) define el comportamiento táctico como la combinación significativa, más o menos complicada, de los diversos procesos motores y psíquicos indispensables para la solución de un problema nacido de la propia situación del juego.

Giménez, (2000a) afirma que debemos trabajar los mecanismos de percepción y decisión más que los específicos de ejecución, pues queremos que el jugador aprenda a observar y a percibir lo que sucede en su entorno, analizar y decidir una respuesta lo más correcta posible.

Por todo ello, centrar la enseñanza en la automatización del *"gesto técnico"* sería un error, pues éste es sólo el aspecto observable de todo el proceso del acto táctico de la acción de juego, que está condicionada por la percepción de los elementos que intervienen en el juego y de la toma de decisión. Según García y Ruíz (2007), un entrenamiento orientado hacia la táctica favorece en mayor medida un mayor conocimiento del deporte del que se trate.

Debemos por tanto orientar el proceso de enseñanza y aprendizaje hacia el desarrollo de estas capacidades, para que el jugador transforme sus acciones en movimientos inteligentes, seleccionando y ejecutando la forma más apropiada en el momento, lugar e intensidad adecuados. Todo este proceso conformará la acción táctica individual, que es la base fundamental del juego.

Fases

Mahlo (1969) concluye que las tres principales fases en las que se divide la acción de juego son las siguientes:

- La percepción y el análisis de la situación.

- La solución mental del problema.

- La solución motriz del problema.

La práctica de los deportes colectivos, caracterizados por la adaptación rápida y precisa en déficit de tiempo en un entorno dinámico y cambiante, demanda de los jugadores una serie de capacidades perceptivas, decisionales y de ejecución que entendemos como factores determinantes del rendimiento deportivo (Moreno et al., 2003).

La toma de decisiones es una actividad que se desarrolla bajo aspectos cognitivos y de carácter emocional (Temprado, 1992; citado por Ruiz y Sánchez 1997), de tal forma que una decisión en el juego se ve influida, por un lado, por la implicación cognitiva y racional del jugador en cuanto a selección de información relevante del entorno de juego, valoración de posibles opciones, elección de la acción a ejecutar, y posibilidad de cambio durante la primera fase de la ejecución, y por otro lado, aspectos relacionados con la autopercepción, nivel de competencia percibido sobre el adversario, momento del partido, etc (Moreno et al., 2003).

Algunos autores abordan la capacidad del pensamiento táctico concretándolo en los siguientes momentos (Mahlo, 1969; Ripoll, 1987; citado por Mingorance & Torres, 2006):

- Focalizar la atención ante una situación dada.
- Seleccionar y evaluar las estrategias para la solución de los problemas motrices.
- Analizar las demandas de una tarea motriz y relacionarlas con los propios recursos.
- Saber evaluar la propia actuación motriz en una tarea dada.
- Conocer cómo mejorar las propias deficiencias.
- Transferir conocimientos y estrategias de una situación a otra nueva.

Este mismo autor nos dice que el jugador en acción de juego utilizará unos medios o instrumentos técnicos denominados fundamentos individuales a través de la inteligencia motriz específica, que es lo que conocemos como comportamiento táctico, aplicando los principios individuales fundamentales del juego tanto en los fundamentos tácticos individuales como los colectivos.

La percepción

El mecanismo perceptivo analiza los estímulos que llegan sucesivamente al mecanismo senso-perceptivo, proporcionando una evaluación de la situación y una predicción de la situación futura (anticipación) (Boné, 1998b). Este mecanismo identificará los elementos significativos (atención selectiva) de las diferentes situaciones que se dan en el juego, para poder decidir de entre todas, la mejor solución y transformarla en una acción motriz eficaz.

Factores que influyen en la dificultad de la percepción (tabla 1)

Bárbara Knapp (1979) distingue dos tipos de tareas según las condiciones del entorno, tareas predominantemente perceptivas, que son aquellas que se desarrollan en un entorno variable, cambiante, como lo puede ser una acción de hockey, balonmano o baloncesto, y otras tareas que se desarrollan en un entorno habitual o estable, donde las condiciones del entorno prácticamente no varían, como lo puede ser un lanzamiento de jabalina. Por otro lado, Poolton (1957), citado por Sánchez (1992), distingue entre dos tipos de tareas, dependiendo del tipo de control prioritario, tareas abiertas, en las cuales el sujeto se basa esencialmente en el circuito de feedback externo o periférico, donde la información visual juega un papel primordial, por ejemplo, el rugby, y las tareas cerradas, donde el sujeto se basa principalmente en el circuito de feedback interno, por ejemplo, la halterofilia.

Fitts (1968), citado por Boné (1998b), propone un sistema de análisis basado en cuatro categorías: persona y objeto inicialmente estático, persona estática y objeto en movimiento, persona en movimiento y objeto estático y persona y objeto en movimiento. Por su parte, Roob (1972) integra los tres sistemas de análisis anteriores, proponiendo uno nuevo que tuviera en cuenta las condiciones del entorno, el tipo de control prioritario y el estado inicial del individuo y objeto. Por último, Billing (1980) destaca que el grado de complejidad de una tarea puede variar de acuerdo, al número de estímulos a los que se debe atender, el número de estímulos que se encuentran presentes, la velocidad y la duración del estímulo, la intensidad del estímulo y la extensión en la que el estímulo puede ser conflictivo o confuso.

Tabla 1. Dificultad desde el punto de vista perceptivo.

Elemento de análisis	Menor complejidad	Mayor complejidad
1º Según las condiciones del entorno	Predominantemente habituales (entorno estable)	Predominantemente perceptivas (entorno cambiante)
2º Según el tipo de control prioritario	Cerradas de autorregulación	Abiertas de regulación externa
3º Según el estado inicial de individuo y objetivo	- Individuo y objeto estático - Objeto en movimiento, individuo estático - Objeto estático, individuo en movimiento	- Objeto e individuo en movimiento
4º Según el propósito de la tarea en relación a la movilización de objetos	- Lanzamiento a distancia - Intercepción del móvil - Golpeo objeto estático	- Lanzamiento en precisión - Intercepción del móvil evitándolo. - Golpeo de objeto en movimiento
5º Según el tipo de estimulación	- Pequeño número de estímulos a los que se debe atender. - Pequeño número de estímulos presentes. - Baja velocidad y mucha duración del estímulo - Mucha intensidad del estímulo. - Estímulos poco conflictivos y/o confusos.	- Gran número de estímulos a los que se debe atender. - Gran número de estímulos presentes. - Alta velocidad y poca duración del estímulo - Poca intensidad del estímulo. - Estímulo muy conflictivo y/o confuso.

La decisión

Como nos dice Ruíz y Arruza (2005), comprender cómo los deportistas deciden en el deporte es una cuestión básica para comprender la dinámica compleja del mismo. Dependiendo del tipo de deporte del que se trate, cada uno de los tres mecanismos que estamos analizando tendrán mayor o menor importancia. Es decir, debemos considerar las acciones deportivas en función de sus particulares características perceptivas, cognitivas (toma de decisión) y de ejecución respecto a su aprendizaje y realización. Según García (2000), la principal característica de un deporte de equipo como el nuestro es su complejidad, debido a la constante interacción e interdependencia de los elementos que lo componen.

En el baloncesto los tres mecanismos intervienen de manera significativa, pero el procesamiento o análisis de la información de los estímulos percibidos en el entorno se convierte en determinante para que la utilización de los recursos técnicos pueda ser eficaz y eficiente. El mecanismo de decisión consistirá en analizar y seleccionar las respuestas una vez percibida la información del entorno.

Factores que influyen en la dificultad de la toma de decisión

Para Ruíz & Sánchez (1997), algunos de los elementos que influyen en la dificultad de la toma decisiones son, desde el punto de vista cuantitativo, la complejidad de la tarea, que estará directamente relacionada con el número de decisiones diferentes que sea necesario tomar, junto con la duración total de la realización y la variedad de objetivos y sub-objetivos que se puedan plantear. Desde el punto de vista cualitativo, el número de soluciones alternativas que tenga la tarea motriz influirá en gran medida en el nivel de dificultad de la decisión. La rapidez o velocidad con que se toma la decisión es otro factor, a tomar en cuenta. En este punto nos referimos al tiempo de percepción del estímulo, el tiempo de decisión o tiempo que necesita el sujeto para decidir lo que va a hacer, el tiempo de ejecución, que es el tiempo que transcurre desde que el sujeto da la orden para el inicio de la respuesta hasta la terminación de la misma, y el tiempo de reacción, que es la suma del tiempo de percepción y decisión (Boné, 1998b).

Otros aspectos a tener en cuenta serán el nivel de incertidumbre, que depende de la relación de los elementos que intervienen en una acción determinada y el riesgo que comporta tomar la decisión.

Además de estos dos últimos, existen otros dos factores que influirán igualmente en la dificultad de la toma de decisión, estos son, el orden secuencial de la toma de decisión y el número de elementos que es necesario recordar.

A continuación, se muestra a modo de resumen una tabla en la que se recogen los factores mencionados desde menor a mayor complejidad (tabla 2).

Tabla 2. Complejidad de una tarea desde el punto de vista de la toma de decisión

Elemento de análisis	Menor complejidad	Mayor complejidad
1º Número de decisiones	Escaso número de decisiones	Gran número de decisiones
2º Número de alternativas en el propósito de la tarea	Propósito único	Multiplicidad de propósitos
3º Número de propuestas motrices alternativas en cada decisión	Propuesta motriz única	Multiplicidad de propuestas motrices
4º Velocidad requerida en la decisión	Mucho tiempo para decidir	Tiempo de decisión breve
5º Nivel de incertidumbre	Los factores en que se basa la decisión son fijos	Los factores en que se basa la decisión son variables
6º Nivel de riesgo	La decisión no comporta riesgo físico	La decisión comporta riesgo físico
7º Orden secuencial de las decisiones	Orden fijo de la secuencia motriz (programa lineal)	Orden variable de la secuencia motriz (programa ramificado)
8º Número de elementos que es necesario recordar	Pocos elementos que memorizar y recordar	Muchos elementos que memorizar y recordar

La ejecución

Este mecanismo es el motor generador del movimiento, el responsable de la organización y realización de la acción motriz. De él depende que el resultado de todo el proceso de percepción, análisis y toma de decisión esté de acuerdo con el propósito de la tarea, y concluya en una acción motriz eficiente.

Factores que influyen en la dificultad de la ejecución

Según la coordinación neuromuscular:

· Menor dificultad: Pocos grupos musculares implicados en el movimiento, estructura del movimiento simple, poca exigencia de rapidez en la ejecución, poca exigencia de precisión en la ejecución. Condiciones espacio/temporales de poca o baja complejidad (incertidumbre).

· Mayor dificultad: Muchos grupos musculares implicados en el movimiento, estructura del movimiento compleja, mucha exigencia de rapidez en la ejecución, mucha exigencia de precisión en la ejecución. Condiciones espacio/temporales de un carácter complejo alto (alta incertidumbre).

Según la condición física:

· Menor dificultad: Poca exigencia de resistencia (estado de fatiga) y poca exigencia de velocidad (condicionado desde un punto de vista motriz y cognitivo).

· Mayor dificultad: Mucha exigencia de resistencia (estado de fatiga) y velocidad (condicionado desde un punto de vista motriz y cognitivo).

A.3. Tipos de aprendizaje.

Conceptualización.

Nuestra vida cotidiana está colmada de numerosos ejemplos que revelan cómo gran parte de nuestra conducta y de nuestro conocimiento procede de aprendizajes inconscientes, es decir, comportamientos y conocimientos aprendidos sin intención de aprenderlos, sin que hayamos sido conscientes de haberlos aprendido cuando los adquirimos, y sobre los que incluso actualmente podemos no tener consciencia de poseerlos (Martínez, 2004).

Existen numerosos estudios en los que se ha analizado la capacidad de tomar decisiones de los jugadores como uno de los factores más importantes en la eficacia del juego en los deportes de invasión (Turner y Martineck, 1992).

Es a finales de 1os años 80, y sobre todo en la década de los 90, cuando adquiere fuerza una línea de investigación centrada en distinguir entre dos tipos de aprendizajes: explícito o selectivo e implícito o no selectivo (Berry y Broadbent, 1988; Reber, 1989). Desde que en 1967 Arthur Reber se refiriera a este último tipo de aprendizaje con la etiqueta de *"aprendizaje implícito"*, la historia de la investigación en este campo se puede describir como la sucesión de veinte años de sequía en los que casi nadie ha hablado del fenómeno, y otros veinte de polvareda en los que todo el mundo ha discutido acerca de su existencia (Jiménez, 2008).

Cuando queremos encontrar las diferencias entre aprendizaje implícito y explícito, es frecuente observar definiciones que relacionan estas dos formas de aprendizaje con dos procesos diferentes: procesamiento consciente y procesamiento no consciente de la información (Tubau, & Moliner, 1999).

En el ámbito de la psicología cognitiva, el término "implícito" hace referencia a los fenómenos inconscientes, y figura como contraposición al término "explícito", empleado para aludir a los procesos conscientes. Si trasladamos estas etiquetas al marco del aprendizaje, fácilmente concebiríamos el aprendizaje implícito como la adquisición de conocimiento que tiene lugar sin consciencia de haber aprendido. Sin embargo, la mayoría de los intentos por definir este fenómeno, coinciden en concebirlo de una manera más amplia, destacando no sólo el carácter inconsciente del aprendizaje, sino también la ausencia de intención de aprender (Frensch, 1998, citado por Martínez, 2004). En contraposición, entenderemos por aprendizaje explícito a aquellas situaciones en las que tenemos intención de aprender, y para ello empleamos estrategias conscientes que dan como resultado un conocimiento accesible a la consciencia.

En algunas situaciones somos conscientes de los aprendizajes que realizamos, del curso de pensamiento que nos lleva a tomar ciertas decisiones, podemos describirlo mediante algún tipo de estructura lógica y, en consecuencia, las decisiones van acompañadas de un conocimiento fácilmente verbalizable. Por el contrario, en otras situaciones nuestras decisiones parecen basarse en la intuición. No podemos explicar las razones que nos han llevado a tomar una determinada decisión y, por 1o tanto, el conocimiento fruto de este tipo de aprendizaje es considerado implícito y no verbalizable (Tubau, & Moliner, 1999). En algunos aprendizajes el jugador aparentemente es consciente del curso del pensamiento que le lleva a tomar ciertas decisiones. El jugador puede verbalizar los motivos que le han llevado a decidir de una manera u otra. En otras situaciones las decisiones parecen basarse en la intuición, pues el jugador no puede explicar las razones que le han llevado a tomar una determinada decisión, y por tanto el conocimiento fruto de este tipo de aprendizaje es considerado implícito y no verbalizable (Cárdenas, Iglesias, Alarcón, 2007). Son reacciones motoras rápidas tomadas en situación de presión, donde el jugador no tiene tiempo de reflexionar acerca de las posibles opciones ante la situación planteada, no es capaz de entender los motivos por los que decide (Kibele, 2006), siendo las decisiones tomadas en estas situaciones considerablemente de menor calidad (Poolton, Masters y Maxwell, 2006).

El aprendizaje incidental (Perrig, 1996; Thorndike & Rock, 1934, citado por Raab y Johnson, 2008) se produce en situaciones en las que no ha habido intención de aprender o conocimiento explícito sobre la estructura de la regla subyacente de dicha situación. Por tanto, definiremos el proceso de aprendizaje implícito como una adquisición no intencional y automática de los conocimientos sobre las relaciones estructurales entre los objetos o eventos (Frensch, 1998, citado por Raab, 2003), y aprendizaje explícito cuando se utilizan las instrucciones que identifican las relaciones en la tarea o los objetivos del proceso de aprendizaje (Reber, 1989, citado por Raab, 2003). Cada uno de estos procesos conducirá a mejoras en el comportamiento.

Si queremos pues desarrollar estos mecanismos inconscientes, el jugador tendrá que vivenciar situaciones en las cuales esté sometido a reacciones intuitivas o rápidas. Si por otra parte quisiéramos desarrollar mecanismos más conscientes, probablemente lo que tendríamos que hacer es promover o inducir la reflexión del jugador acerca de cuáles son las variables que están implicadas en la situación de juego y que le van a dar índice de información relevante, para poder decidir de una manera o de la otra (Cárdenas, 2009).

Es por ello por lo que creemos fundamental el desarrollo de ambos tipos de estrategias, pues la compleja interacción entre toma de decisión y control motor en los deportes de invasión así lo requiere (Poolton, Masters, Maxwell, 2006).

Capacidad limitada de procesamiento.

El concepto de racionalidad limitada se basa en el trabajo realizado por el premio Nobel Herbert A. Simon (Bennis & Pachur, 2006). En su trabajo criticaba algunas teorías descritas hasta esa fecha, basándose en la concepción de que las personas generalmente no tienen ni el tiempo ni la información disponible para optimizar su capacidad cognitiva. Los individuos sólo pueden tratar una cantidad limitada de información, debido a que su procesamiento y capacidad de memoria son limitadas (Betsch, 2008).

En la actualidad se considera que el aprendiz es un procesador limitado de información, capaz de adaptarse a las exigencias de las diferentes situaciones deportivas (Ruiz, 1994b). En los deportes de invasión es necesario la selección de información para decidir entre varias opciones. Además, estas decisiones están generalmente vinculadas a situaciones de alta presión de tiempo y de poca información disponible (Gigerenzer et al., 1999, citado por Raab, 2003). Son situaciones donde no es posible realizar una selección consciente de toda la información, así como de las posibles soluciones. La elección de ésta puede significar el éxito o el fracaso (Bennis & Pachur, 2006). La cantidad de información que puede ser manejada por estrategias deliberadas es comparativamente baja, debido a que la deliberación implica un procesamiento enfocado y consecutivo. Está limitada por la capacidad de memoria a corto plazo. La deliberación se caracteriza por un foco de atención a informaciones particulares (Betsch, 2008a). Es fácil imaginarse el caos interno, la incapacidad para actuar y la dificultad para responder a la estimulación externa e interna que supondría ser consciente absolutamente de todo en todo momento (Núñez, 1998).

Los procesos automáticos consideran informaciones múltiples simultáneamente (Betsch, 2008b).

Procesamiento deliberativo.

Utilizamos el término explícito para referirnos al hecho de que el sujeto hace un esfuerzo consciente para recuperar una información que fue presentada en un momento anterior. A un sujeto experimental se le presenta una información, generalmente ya conocida y, por tanto, ya en su memoria (palabras, dibujos, etc.) para que la memorice. En una fase posterior se le pide que recuerde lo que ha memorizado previamente (Cañas et al. 1999).

Aunque aceptemos el papel de la conciencia en la producción de diferentes tipos de aprendizajes, en el campo del aprendizaje y desarrollo motor se ha cuestionado su rol en el control de la acción. Los procesos de percepción-acción son demasiado rápidos como para que puedan desarrollarse bajo la supervisión de la conciencia. Por ejemplo, en algunos estudios se ha demostrado que los deportistas utilizan estrategias probabilísticas complejas en condiciones poco propicias para llevar a cabo los cálculos necesarios conscientemente (Jiménez, 2008).

La percepción consciente es demasiado lenta para determinar nuestra acción. Como demostró Libet (1985), citado por Jiménez (2008, p.45):

"...la conciencia de la intención precede al movimiento, pero los potenciales de preparación preceden a su vez a la intención consciente de realizar la acción. Así pues, si el cerebro ya estaba preparando la acción antes de darse cuenta de su intención de hacerlo, ¿qué función desempeña la conciencia en ese continuo?. Gray propuso una intrigante respuesta que otorga a la conciencia el papel de supervisor de resultados. El valor funcional de la conciencia no sería el de controlar el despliegue de la acción, sino más bien el de detectar discrepancias entre los planes globales y sus resultados. En este sentido, la dirección de la acción sería consecuencia de procesos no conscientes, y la conciencia jugaría un papel devaluador ex post facto del resultado".

Procesamiento intuitivo.

Los atletas a menudo informan que en determinadas situaciones sus reacciones motoras se desarrollan sin ningún tipo de control consciente de toma de decisiones. A veces los atletas también relacionan estas respuestas motoras bajo presión de tiempo a la intuición, sin poder dar más detalles de lo que realmente significa (Kibele, 2006). Hogarth (2001), citado por Kibele (2006), sostiene que las decisiones intuitivas en el deporte se pueden considerar como el resultado de estímulos rápidos de procesamiento a través de un sistema tácito independiente de cualquier sentimiento fisiológico.

Dentro del contexto deportivo, cuando hablamos de aprendizaje implícito, debemos realizar una distinción: por un lado, cuando hablamos de aprendizaje motor implícito, es decir, de cómo producimos un movimiento específico, y por otro lado cuando hablamos de aprendizaje implícito cognitivo, es decir, de cómo construimos juicios acerca de la relación entre los estímulos y las acciones que se deben llevar a cabo (Maestría, Derecho, y Maxwell, 2002, citado por Raab, 2003). Jiménez y Méndez (1999), citado por Martínez (2004) afirman que el aprendizaje implícito es producto de procesos asociativos automáticos que operan independientemente de la carga cognitiva, asociando sólo aquellos elementos que se mantienen simultáneamente en la memoria de trabajo.

La entrada a este proceso se proporciona sobre todo por el conocimiento almacenado en la memoria a largo plazo, adquirido principalmente vía aprendizaje asociativo. La entrada es tratada de forma automática, sin la conciencia consciente. La salida del proceso es un sentimiento que puede servir como base para juicios y toma de decisiones (Betch, 2008a). Algunos autores sostienen que las decisiones intuitivas son el resultado de la conciencia fenomenológica de algunos estados fisiológicos discriminativos e internos que evolucionan a partir de estímulo de procesamiento no consciente (Perrig y Wippich, 1995, citado por Kibele, 2006).

La base de conocimientos de la intuición parece ser un conocimiento implícito, mientras que la deliberación se basaría en el conocimiento explícito (Betsch, 2008b). Pero ¿hasta qué punto el aprendizaje implícito es la base del procesamiento intuitivo? ¿Cómo se demuestra que el aprendizaje adquirido en cualquier procedimiento o tarea ha sido inconsciente?

La evaluación ideal debería rastrear los tres ámbitos internos del aprendizaje (proceso de adquisición, contenido representado en memoria, y expresión de lo aprendido). El método generalmente utilizado ha sido la búsqueda de una disociación entre las que se han venido a denominar medidas directas y medidas indirectas del aprendizaje. Las medidas directas serían aquellas en las que expresamente se pide al participante que intente recordar lo aprendido, por tanto, son medidas que inducen el uso consciente del conocimiento relevante. En cambio, las medidas indirectas serían aquellas que permiten observar el aprendizaje sin pedir al participante que revele lo aprendido, evitando así promover el uso del conocimiento consciente (Martínez, 2004).

Este mismo autor nos dice que la búsqueda de evidencia de aprendizaje inconsciente se ha llevado a cabo mediante tres tareas fundamentalmente, las gramáticas artificiales, los sistemas complejos, y el aprendizaje de secuencias. La ejecución en las gramáticas artificiales parece reflejar tanto procesos conscientes como inconscientes, resultando difícil saber en qué medida influyen uno y otro. Por lo que respecta a la tarea de control de sistemas complejos, por el momento no se puede descartar el carácter intencional del aprendizaje, y la exhaustividad de las medidas de consciencia utilizadas está en tela de juicio. En cambio, el tercero de los paradigmas descritos, el aprendizaje de secuencias, presenta tres variantes: secuencia fija, secuencias múltiples fijas y secuencias probabilísticas, que hasta el momento están ofreciendo las mejores evidencias de aprendizaje implícito con medidas objetivas de consciencia.

Por tanto, el aprendizaje de secuencias se ha convertido en la tarea experimental más eficaz para estudiar el aprendizaje implícito (Destrebecqz y Cleeremans, 2001, citado por Martínez, 2004). Dentro del área de la cognición implícita existen tres líneas de investigación principales: la Percepción Implícita (PI), la Memoria Implícita (MI), y el Aprendizaje Implícito (AI). (López et al. 2009). Según Froufe (2000), citado por López et al. (2009), la PI es producto de la codificación de eventos que pasan inadvertidos al procesamiento consciente pero que no implican la formación de una representación en la mente. La MI implica la organización de las percepciones implícitas en una representación mental interna no consciente, es decir, en un formato de almacenamiento propio de la mente. Por último, el AI es producto de la adquisición y posterior transferencia no consciente de regularidades entre los estímulos aprendidos y que ya han sido representados en la MI. Por lo tanto, el AI se definirá como el proceso mental que se produce a partir de la adquisición y transferencia patrones en ausencia de un conocimiento fenomenológico.

Cuando hablamos de memoria implícita, nos referimos a una situación donde la recuperación de la información no se hace con esfuerzo consciente. Al sujeto experimental se le presenta una información conocida, y en la fase de recuperación no se le pide que recuerde esa información. En su lugar, se le pide que realice una tarea en la que tendrá una mejor ejecución si recupera la información presentada anteriormente (Cañas et al. 1999).

Dos procesos compatibles.

En el deporte de competición, las variables rapidez y exactitud desempeñan un importante papel, tanto en lo que atañe al procesamiento de la información, como a la toma de decisiones y a la ejecución motriz (Ezquerro y Buceta, 2001). En la actualidad los estudios en el campo de la neurociencia han demostrado que el ser humano está dotado de mecanismos filogenéticos que le ayudan a procesar información tanto de manera consciente (cuando hay tiempo) como inconsciente (cuando el tiempo es mínimo) (Iglesias et al. 2007). Raab & Johnson (2008) defienden que cuando uno habla de toma de decisiones intuitiva y deliberada, no significa necesariamente que el protocolo se realice de forma completa intuitivamente o deliberadamente. Ambos procesos serán polos de una serie continua. Es decir, las decisiones podrán ser más o menos intuitivas o más o menos deliberadas.

Raab (2003) afirma que ambos procesos son adaptables a los cambios ambientales, y que la complejidad de las situaciones servirá como factor crucial para la compresión de la ventaja de tener dos sistemas adaptativos. Sun et al. (2005) abogan por un modelo integrado de aprendizaje que tenga en cuenta tanto los procesos implícitos como los procesos explícitos, pues defienden que ambos tipos de procesos y conocimientos coexisten e interactúan entre sí para formar el aprendizaje y el rendimiento.

En definitiva, como afirman Iglesias et al. (2007), necesitamos desarrollar dos tipos de mecanismos cognitivos: los que permiten tomar decisiones razonadas, pues existe tiempo suficiente (aunque siempre es reducido en baloncesto) para tomar la decisión, y los que hacen posible la toma de decisiones más intuitivas, sin que intervenga la consciencia. Tanto para unos como otros las consignas respecto al diseño de la tarea van a ser similares. Lo que debe cambiar es la intervención del entrenador: en unos casos se les ayudará a reflexionar sobre lo que hacen y lo que deberían hacer, y en otros se esperará que el sujeto explore y busque las respuestas de manera libre.

A la hora de distinguir las diferentes estrategias de pensamiento en el plano empírico, debemos estudiar la contribución relativa de ambos procesos (Betsch, 2008a). Es por ello por lo que podemos decir que una toma de decisión realmente acertada se basará en un equilibrio entre pensamiento deliberado e instintivo (Gladwell, 2005). ¿Cuáles son las diferencias y situaciones que determinan si el procesamiento intuitivo o el deliberativo es el más acertado? Será pues muy importante considerar qué factores determinan si una situación dada será tratada más deliberadamente o más intuitivamente. Los aspectos de la tarea proporcionarán los medios para ejecutar estrategias en mayor o menor grado implícitas o explícitas. La cantidad y la clase de instrucción, así como la organización de las situaciones de práctica llevan a presentaciones diferentes del conocimiento táctico y cantidad de la transferibilidad entre situaciones diferentes. La instrucción del entrenador y las características de la tarea determinaran el estilo de aprendizaje (Raab y Johnson, 2008).

B. INTERACCIÓN PROFESOR-CONTENIDO.

En relación a las habilidades específicas, cabe distinguir dos componentes, uno de carácter táctico, derivado de la decisión táctica tomada previamente, que da finalidad a la habilidad específica (fintar para superar al oponente, botar el balón para progresar hacia el objetivo, etc) y otro de carácter técnico, que se corresponde con la forma idónea de ejecutar dicha habilidad específica, y que responde también a estereotipos motores de probada eficacia (la forma adecuada de fintar botando el balón para sufrir el menor riesgo posible) (figura 6).

No obstante, es importante mencionar que no es suficiente el estudio y el desarrollo de un determinado fundamento para entender y facilitar que el jugador lo adopte a su abanico de respuestas ante determinadas situaciones o acciones del juego, sino que ese fundamento debemos insertarlo dentro de un marco colectivo, pues de lo contrario seguiría careciendo de significado para el jugador, atendiendo de esta manera a la lógica interna del juego.

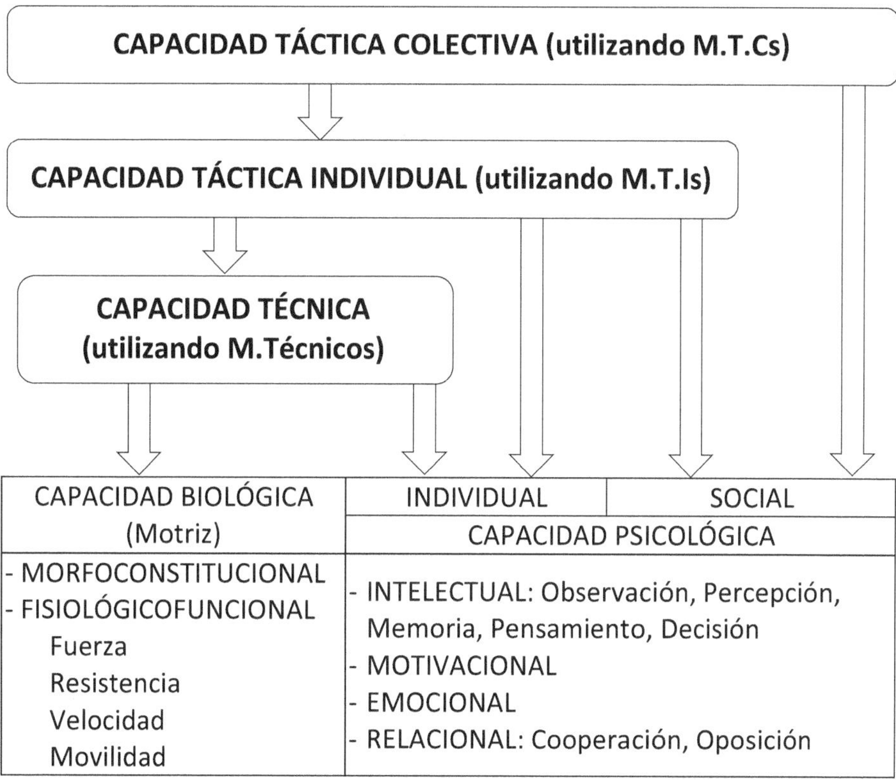

Figura 6. Las capacidades del jugador en el juego. (Pintor, D., 1991)

Han sido muchos los autores que han estructurado los medios individuales del juego, tales como Cárdenas & Pintor (2001), Junoy (1996), Peyró (1991) y Manzano (2005). En nuestro estudio vamos a ocuparnos de los medios individuales ofensivos desarrollados en la fase de ataque, seleccionando de entre todos ellos los más relevantes para nuestra investigación, el lanzamiento, la conducción y el pase-recepción.

C. INTERACCIÓN PROFESOR-ALUMNO.

La concepción actual de los diferentes modelos de enseñanza tiene en cuenta el desarrollo del jugador desde una perspectiva holística, que interpreta su formación en toda su dimensión (técnica, táctica, cognitiva, emocional y motora), y considera al jugador como un sistema complejo que se autorregula constantemente en búsqueda de una adaptación eficaz.

Tabla 3. Estilos de enseñanza. (Delgado, 1991).

ESTILOS DE ENSEÑANZA	
ESTILOS TRADICIONALES Mando directo Mando directo modificado Asignación de tareas	**ESTILOS QUE FOMENTAN LA INDIVIDUALIZACIÓN** Por grupos: niveles Por grupos: intereses Enseñanza modular Programas individuales Enseñanza programada
ESTILOS QUE POSIBILITAN LA PARTICIPACIÓN Enseñanza recíproca Grupos reducidos Microenseñanza	**ESTILOS QUE POSIBILITAN LA SOCIALIZACIÓN** Juego de roles Simulación social Trabajo grupal
ESTILOS QUE IMPLICAN COGNOSCITIVAMENTE Descubrimiento guiado Resolución de problemas	**ESTILOS QUE FAVORECEN LA CREATIVIDAD** Sinéctica

Es por ello por lo que nosotros abogamos por la utilización de estilos de enseñanza que impliquen cognoscitivamente a los jugadores (tabla 3), con objeto de desarrollar en ellos los procesos que le permitan la utilización inteligente de los elementos aprendidos en situaciones variadas, dando respuestas diferentes en la resolución de problemas de situaciones similares que le permitan no sólo ser eficaces, sino evitar ser previsibles.

Entre estos estilos de enseñanza se encuentran el estilo de enseñanza por descubrimiento guiado y el estilo de enseñanza por resolución de problemas. Estos estilos de enseñanza permiten el desarrollo del pensamiento de los jugadores, con objeto de fomentar la utilización inteligente de las habilidades aprendidas.

Diseño de situaciones de enseñanza para un aprendizaje comprensivo

Son muchos los factores los que determinan un aprendizaje eficaz. Algunos de ellos son los siguientes (Figura 7):

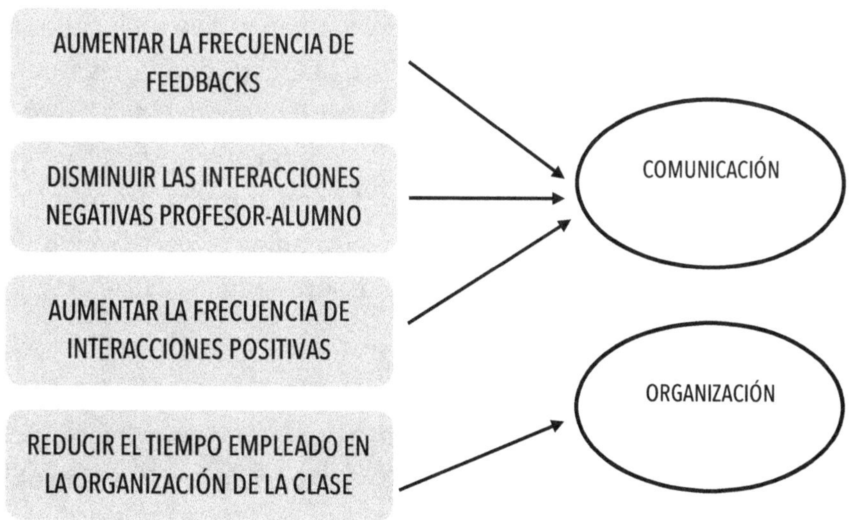

Figura 7. Competencias docentes más significativas.

Vamos a desarrollar algunos de los factores mencionados anteriormente que favorecen un aprendizaje comprensivo, con objeto de profundizar en su entendimiento.

Motivación

Tal y como afirman Grosser & Neumaier (1986), durante el proceso de formación se deberán diseñar situaciones de aprendizaje donde predomine el éxito frente al fracaso, pues con ello aumentaremos su motivación por la práctica, y por tanto la adherencia a ésta. Esta motivación favorecerá la activación de la atención, factor éste fundamental para que se produzca un correcto aprendizaje, pues determinará la información que finalmente se almacene en la memoria. Serán también elementos que influyan en el mantenimiento y aumento de dicha motivación el tiempo de participación de los alumnos, la variabilidad de la práctica, el índice de eficacia, la relaciones que se establezcan con los compañeros y el grado de autonomía en la resolución de los problemas entre otros.

Tiempo de compromiso motor

El tiempo de compromiso motor es el tiempo en el que un jugador se encuentra inmerso en el objetivo de la tarea. Este tiempo es fundamental parta la consolidación de los aprendizajes, pues determinará el grado de adquisición de los mismos. Para favorecer un alto compromiso motor se deberá tener en cuenta una correcta organización de todos los elementos que integran el ambiente de aprendizaje, donde los tiempos de información y de espera sean los estrictamente necesarios.

Las variables que afectan a los tiempos de práctica durante las sesiones son las variables temporales, como el tiempo de agrupación, de explicación y de corrección, las variables espaciales, como las rotaciones, y las variables grupales, como las formas de agrupamiento y de participación (figura 8).

Figura 8. Variables que afectan a los tiempos de práctica en las sesiones.

Consideramos que debemos reducir el tiempo dedicado a las agrupaciones de los jugadores, reducir el tiempo de explicación y corrección.

Existe un tiempo aún mas importante que determina un aprendizaje eficaz, y es el tiempo de compromiso motor de éxito, pues de ello dependerá la utilización o no por parte del jugador de las habilidades practicadas durante las tareas, pues éste utilizará solo aquellas que estén asociadas a una emoción positiva.

Estructuras reducidas de juego

Uno de los principios del entrenamiento en el que los entrenadores estamos de acuerdo es en reducir la complejidad de las situaciones a las que se enfrenta el jugador para favorecer su aprendizaje, pues una situación global donde participe e interactúe la totalidad de los elementos del juego se torna excesivamente difícil para convertirse en la estructura principal a desarrollar durante las sesiones prácticas. Para ello, debemos tener en consideración que el principal factor que determina el nivel de complejidad de una tarea es el grado de incertidumbre que ésta presenta, siendo en esto el número de jugadores fundamental. Es por ello por lo que, teniendo en cuenta la teoría escalonada de Roth, proponemos la reducción de los elementos presentes en las tareas desde situaciones muy reducidas (1c1, 2c1, 2c2...) a otras con presencia de más elementos (3c2, 3c3, 4c3...), permitiendo con ello una comprensión o asimilación gradual de los conceptos del juego (Antón et al. 2000).

Esta estructuración de las tareas en unidades más reducidas permite una mayor participación de los jugadores, evitando además su inhibición o no participación, y aumentando con ello un mayor índice de utilización de los conceptos que estemos trabajando durante la tarea.

Aprendizaje comprensivo

Si queremos que se produzca un aprendizaje realmente significativo, deberemos respetar la presencia de los elementos estructurales y funcionales del juego que nos ocupa, no eliminando por tanto ninguno de estos elementos, pues de lo contrario el jugador no será capaz de interpretar para qué, cómo y cuándo utilizar dicho concepto para la resolución de un determinado problema. Estos elementos son el balón, los defensores, los atacantes, las canastas, la técnica, la táctica, la cancha de juego, la estrategia, el rol y el reglamento entre otros (figura 9).

Figura 9. Error en el proceso de E-A.

Variabilidad de la práctica

Uno de los aspectos más ha preocupado en el campo del entrenamiento deportivo es el análisis de las situaciones que favorezcan la utilización de las habilidades aprendidas durante las sesiones prácticas a las situaciones reales que presenta el juego (transferencia). La enorme diferencia que en muchas ocasiones ha presentado el diseño de las tareas ha cuestionado enormemente el volumen de tiempo aprovechado durante dichas prácticas.

Nosotros consideramos que en las tareas desarrolladas no se ha respetado la lógica interna del juego que nos ocupa comentada al inicio de este estudio, eliminándose elementos relevantes que confieren sentido al concepto a aprender, descontextualizándose con ello el ambiente de aprendizaje, con la idea de reducir la complejidad del juego, y sin tener en cuenta que en cada aprendizaje debemos establecer una unidad mínima funcional que permita un aprendizaje significativo.

Una de las cuestiones que se han planteado desde hace años es si debemos repetir una misma situación un número determinado de veces hasta que los jugadores respondan con frecuencia eficazmente. En nuestras sesiones, en lugar de realizar una tarea de duración 20 minutos en la que trabajemos uno o varios objetivos, se realizarán varias tareas de duración menor, entre 5 y 8 minutos, con objeto de que se produzcan varias respuestas por parte de los jugadores, favoreciendo con ello la generación de una regla en ellos lo suficientemente plástica como para adaptarse a las diferencias circunstancias que le presente el juego, y por tanto a que se produzca la transferencia entre situaciones similares (principio de generalización).

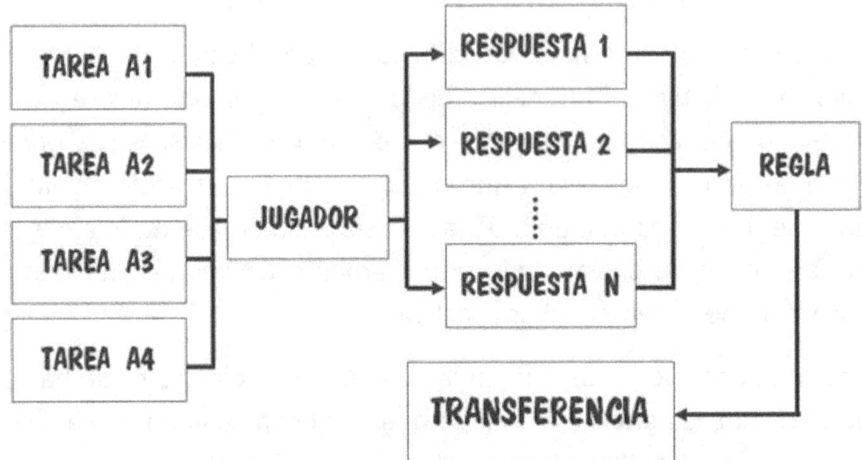

Figura 10. Pedagogía de la acción diversificada según Bonet (1983).
Tomado de Ruíz (1995).

Es por ello por lo que se propone variar las tareas sistemáticamente, pero no solo de tarea en tarea, sino también de repetición en repetición, favoreciendo con ello que sean los jugadores los que organicen, interpreten y tomen sus propias decisiones, desarrollando los procesos perceptivos y decisivos que condicionan profundamente el aspecto observable del juego, la ejecución.

3. Propuesta de intervención

3.1. PROBLEMA DE INVESTIGACIÓN

Este estudio pretende responder a la pregunta ¿cómo se debería desarrollar el proceso de enseñanza-aprendizaje de los fundamentos individuales ofensivos del juego en los deportes de invasión? Ya hemos mencionado con anterioridad que en este tipo de deportes la rapidez y exactitud desempeñan un papel muy importante en la toma de decisiones y la ejecución motriz (Ezquerro y Buceta, 2001; Raab y Johnson, 2008), y que los principales problemas estudiados en relación al tipo de aprendizaje desarrollado han sido su robustez ante el olvido (Cañas, et al., 1999; Raab, 2003), resistencia al doble proceso de control motor y toma de decisiones (Masters et al. 2008; Poolton et al. 2005), efectividad ante el estrés y el límite de tiempo (Masters et al. 2000), y efectividad en diferentes situaciones de complejidad (Johnstone y Shanks, 2001). Debemos por tanto, tomando en cuenta dichas premisas, desarrollar una metodología que mejore la utilización de los medios Táctico-técnicos individuales ofensivos del juego en tales circunstancias, diseñando entornos de aprendizaje que favorezcan y demanden del jugador la utilización de las habilidades más eficaces en cada situación, entendiendo por eficacia, y basándonos en la distinción que realiza Famose (1992) entre este concepto y eficiencia, como la calidad o nivel del resultado alcanzado en función de los objetivos marcados con independencia del coste, y eficiencia a la relación entre el nivel del resultado obtenido y el coste que haya supuesto la actividad.

3.2. OBJETIVOS E HIPÓTESIS DE INVESTIGACIÓN.

Objetivos

El objetivo general de este estudio es comprobar si un programa de entrenamiento orientado hacia la mejora de la capacidad Táctico-técnica individual ofensiva de los deportes de invasión fundamentado en una intervención didáctica que fomente el aprendizaje incidental es más eficaz que un programa de entrenamiento que fomente el aprendizaje intencionado.

De dicho objetivo general plantearemos los siguientes objetivos específicos:

- Valorar la influencia de dos tipos de intervenciones que favorezcan diferentes formas de aprendizajes, incidental e intencional, sobre la eficacia de los MTtIs del juego en relación, a la solidez ante el olvido.

- Valorar la influencia de dos tipos de intervenciones que favorezcan diferentes formas de aprendizajes, incidental e intencional, sobre la eficacia de los MTtIs del juego en relación, al doble proceso de control motor y toma de decisión.

- Valorar la influencia de dos tipos de intervenciones que favorezcan diferentes formas de aprendizajes, incidental e intencional, sobre la eficacia de los MTtIs del juego en situaciones de estrés y límite de tiempo.

- Valorar la influencia de dos tipos de intervenciones que favorezcan diferentes formas de aprendizajes, incidental e intencional, sobre la eficacia de los MTtIs del juego en situaciones de diferente complejidad.

Hipótesis

La hipótesis general que planteamos en este estudio es que los alumnos entrenados con un programa de intervención de mejora de los fundamentos individuales ofensivos del juego basado en un aprendizaje incidental son más eficaces que los alumnos entrenados con un programa de intervención basado en un aprendizaje intencional.

- **Hipótesis 1**: Los conceptos aprendidos por un grupo de alumnos entrenados con un programa de intervención basado en un aprendizaje incidental son más robustos ante el olvido que los aprendidos por otro grupo entrenado con un programa de intervención basado en un aprendizaje intencional.

- **Hipótesis 2**: El grupo de alumnos entrenado con un programa de intervención basado en un aprendizaje incidental son más eficaces ante el doble proceso de control motor y toma de decisión que el grupo entrenado con un programa de intervención basado en un aprendizaje intencional.

- **Hipótesis 3**: El grupo de alumnos entrenado con un programa de intervención basado en un aprendizaje incidental es más eficaz en situaciones de estrés y límite de tiempo que el grupo entrenado con un programa de intervención basado en un aprendizaje intencional.

- **Hipótesis 4**: El grupo de alumnos entrenado con un programa de intervención basado en un aprendizaje incidental es más eficaz en situaciones de diferente complejidad que el grupo entrenado con un programa de intervención basado en un aprendizaje intencional.

3.3. VARIABLES DEL ESTUDIO.

En el diseño del estudio realizado se definen una serie de variables que las clasificaremos en independientes (representan las causas que provocan el fenómeno), dependientes (representan el fenómeno observable y medible) y contaminantes (representan factores que puedan distorsionar los resultados del estudio).

Variables independientes

- **Variable independiente 1:** La metodología utilizada que fomenta un aprendizaje incidental.
- **Variable independiente 2:** La metodología utilizada que fomenta un aprendizaje intencional.

Variables dependientes

Para valorar las adquisiciones que los alumnos logran en el proceso de aprendizaje, algunas investigaciones manejan una serie de variables, como la eficacia de la habilidad técnica, la eficacia en el rendimiento en el juego y el conocimiento sobre el deporte (Rink, French y Tjeerdsma, 1996, citado por García y Ruíz, 2003).

Variables relacionadas con la eficacia de los MTtIs ofensivos del juego

Teniendo en cuenta los principios de actuación y las reglas de acción:

- **Variable dependiente 1:** Eficacia de la ejecución técnica.
- **Variable dependiente 2:** Eficacia de la toma de decisión.

Teniendo en cuenta el rendimiento:

- **Variable dependiente 3:** Eficacia de la habilidad en el rendimiento en el juego

Variables relacionadas con el conocimiento sobre los principios de actuación y reglas de acción de los MTtIs del juego

- **Variable dependiente 4:** Conocimiento procedimental.

Las variables extrañas o contaminantes, así como las forma de controlarlas, se muestran a continuación:

Variables extrañas o contaminantes

- **Variable extraña o contaminante 1:** El proceso de intervención didáctica de los profesores.

Será necesario comprobar que los profesores de ambos grupos se ajustan al tiempo en cada situación de enseñanza-aprendizaje, lo lleven a cabo de forma adecuada y utilicen la técnica de enseñanza propuesta en cada una de las sesiones prácticas del estudio.

- **Variable extraña o contaminante 2:** Condiciones de las prácticas.

Las sesiones prácticas se realizarán en el mismo lugar y hora para ambos grupos, compartiendo incluso el espacio de práctica donde se desarrolle la intervención.

- **Variable extraña o contaminante 3:** Nivel de ejecución técnica. Controlaremos esta variable mediante la realización de pruebas que evalúen tanto los aspectos técnicos como de conocimiento de los alumnos sobre los principios de actuación y reglas de acción.

- **Variable extraña o contaminante 4**: Expectancia (Behar, 1993). Para controlar esta variable contaminante, los investigadores que se encarguen de grabar los partidos y recoger toda la información, no conocerán el objeto del estudio, así como tampoco las hipótesis planteadas. Sólo dispondrán de la información necesaria para recoger la información solicitada.

- **Variable extraña o contaminante 5**: Errores de registro. Para eliminar cualquier error relacionado con las herramientas de medida, se grabarán en vídeo todos los partidos y observaciones realizadas, para su posterior visualización y análisis. De esta manera el observador podrá avanzar y retroceder la imagen según necesidad.

- **Variable extraña o contaminante 6**: Interpretación del sistema de categorías. Para solucionar este problema, los observadores serán entrenados hasta alcanzar un índice de correlación muy alto con respecto al investigador principal (p.e.: Pearson>0.85).

3.4. METODOLOGÍA

Población y muestra

La población de este estudio estará configurada por alumnos y alumnas del 2º ciclo de Primaria de un Colegio de Sevilla. Algunos de ellos pertenecen a equipos del Colegio de diferentes deportes, y juegan una vez por semana competiciones municipales. La mayor parte de ellos tienen muy poca experiencia previa en la práctica deportiva. La muestra estará compuesta por 12 alumnos (grupo mixto) de una clase, con edades comprendidas entre los 13 y 14 años. Se establecerán dos grupos experimentales de 6 alumnos/as cada uno. Un grupo realizará las sesiones con la metodología que favorezca el aprendizaje incidental y el otro con la metodología que favorezca el aprendizaje intencional.

Diseño empleado

Para valorar el efecto provocado como consecuencia de la aplicación del protocolo de intervención, se establecerá un diseño cuasiexperimental longitudinal de dos grupos, con medidas pretest y postest. En uno de ellos (n = 6) se realizará la intervención que favorezca el aprendizaje incidental, y en el otro grupo (n= 6) se favorecerá el aprendizaje intencional.

La selección de la muestra se realizará de forma intencionada en base a los criterios de asignación que a continuación se indican: conocimiento procedimental, eficacia en la toma de decisiones y ejecución de las acciones de lanzamiento, pase y conducción del balón, y a las zonas específicas de intervención en el juego real (Iglesias, 2006). Nosotros añadiremos también el factor rendimiento de la utilización de dichos fundamentos. A todos ellos se les aplicarán pruebas de homogeneidad. Estos datos se tomarán durante los primeros cinco partidos.

A continuación, se muestra un esquema general de las diferentes fases del estudio (Tabla 4).

Herramientas

Las herramientas que utilizaremos en las pruebas, procedimientos y tratamientos descritos durante este estudio son los que se detallan en la tabla 5.

Tabla 4. Fases del estudio.

FASE I: PREPARACIÓN DEL DISEÑO	Entrevista con el Director del Colegio y los profesores que realizarán la intervención. Validación de los profesores en el proceso de intervención didáctica. Validación del observador de los grupos experimentales en el proceso de intervención didáctica. Validación del test de conocimiento procedimental en baloncesto. Validación del test de rendimiento en el juego
FASE II: HOMOGENEIZACIÓN Y PRETEST	Prueba de homogeneización (conocimiento procedimental, eficacia y rendimiento en la toma de decisiones y ejecución de las acciones de lanzamiento, pase y bote, y a las zonas específicas de intervención en el juego real) Configuración de los grupos 2 partidos Pretest
FASE III: TRATAMIENTO	10 sesiones prácticas La intervención se llevará a cabo durante 35' en cada sesión Control de la intervención didáctica
FASE IV: POSTET	2 partidos Prueba de conocimiento procedimental
FASE VI: TRATAMIENTO ESTADÍSTICO DE LOS DATOS	

Tabla 5. Herramientas utilizadas para el estudio.

FASE		HERRAMIENTA
FASE I: PREPARACIÓN DEL DISEÑO	Validación intervención profesores (Anexo I)	Dos cronómetros Casio Una cámara de video JVC 10 dvd
	Validación de los observadores de los grupos experimentales	Una cámara de video JVC 10 dvd Paquete estadístico SPSS 19.0
	Validación Conoc. Procedimental (Anexo II)	Paquete estadístico SPSS 19.0
	Validación test rendimiento juego (Anexos III-VIII)	Una cámara de video JVC 10 dvd Paquete estadístico SPSS 19.0
FASE II: HOMOGENEIZACIÓN Y PRETEST	Prueba de homogeneización	Paquete estadístico SPSS 19.0
	2 partidos	Una cámara de video JVC 5 dvd
FASE III: TRATAMIENTO	10 sesiones prácticas	Una cámara de video JVC 30 dvd Dos cronómetros Casio
	Control de la intervención de los entrenadores	Una cámara de video JVC 30 dvd
FASE III: TRATAMIENTO	2 partidos	Una cámara de video JVC 5 dvd
	Prueba de conocimiento procedimental	Paquete estadístico SPSS 19.0
FASE V: TRATAMIENTO ESTADÍSTICO (Anexo VI)		Paquete estadístico SPSS 19.0

Tratamiento estadístico

Para poder obtener las conclusiones del estudio, y una vez finalizado el trabajo de campo, procederemos al tratamiento estadístico de los resultados obtenidos. Para comprobar las hipótesis establecidas inicialmente, y en función de las relaciones que establezcamos con las variables anteriormente definidas, se utilizarán diferentes pruebas estadísticas (Anexo IX).

4. Resultados esperados

Uno de los temas más importantes en el estudio de la intuición en la toma de decisiones es la determinación de las situaciones en que las personas puedan beneficiarse de sus respuestas intuitivas (Plessner y Czenna, 2008b).

Se ha cuestionado si el aprendizaje motor incidental es superior al aprendizaje motor intencional en el contexto de los deportes (Raab, 2003). Para resolver dicha cuestión, se han realizado diferentes estudios en relación, a la interacción de ambos procesos con la complejidad en la toma de decisiones de los atletas en deportes de equipo. Teniendo en cuenta las definiciones y características que comentamos inicialmente acerca de ambos procesos, podemos decir que, si el deporte del que se trata demanda una alta necesidad de toma de decisiones rápidas, los procesos intuitivos parecen que pueden proporcionar la exactitud y la rapidez deseada (Raab y Johnson, 2008). Pero, sin embargo, no todos los estudios realizados concluyen de la misma manera.

Se han realizado algunos estudios que tratan de comprobar que la toma de decisiones intuitiva puede tener éxito, al menos, tanto como las estrategias más deliberadas. En ese intento, las investigaciones referidas a ambos tipos de aprendizajes han ido dirigidas hacia la comprobación de los puntos que a continuación se indican:

1 - La resistencia al tiempo.

2 - La resistencia al doble proceso (control motor y toma de decisiones).

3 - La efectividad en la toma de decisiones con límite de tiempo.

4 - La efectividad en situaciones de diferente complejidad.

En relación, al primer punto, resistencia al tiempo, entendiendo esto como la solidez ante el olvido, algunos estudios han demostrado que la memoria implícita es más perdurable y resistente que la memoria explícita al paso del tiempo (Cañas, et al., 1999). Por su parte, Raab (2003) también afirma que en sus estudios ha encontrado evidencias claras de que al realizar pruebas de retención después de cuatro semanas, no ha habido una disminución significativa en la calidad de la toma de decisión, lo cual prueba la solidez de dicho aprendizaje.

En relación, al segundo punto, resistencia al doble proceso de toma de decisión y control motor, decir que también hay indicios de que el aprendizaje incidental es más ventajoso que el aprendizaje intencional. Estudios como los realizados por Masters et al. (2008) y Poolton, et al. (2006) así lo confirman, demostrando que en situaciones donde el tiempo es muy reducido para la toma de decisiones y además se necesita ejecutar una respuesta motora inmediata, la efectividad del procesamiento incidental permite un mejor desempeño.

Debido a que el comportamiento motor intencional depende de la memoria de trabajo, las demandas que resultan de los requisitos de tareas múltiples probablemente sobrecargue y perturbe su rendimiento (Masters, et al., 2008). Por tanto, será menos probable que el rendimiento motor se vea afectado si el aprendizaje se ha llevado acabo de manera incidental, pues se encontrarán disponibles más recursos para la toma de decisiones.

La forma en la que un movimiento se controla puede influir en el grado en el que el ejecutante puede combinar decisiones y movimientos con efectividad. Trabajos desarrollados anteriormente han mostrado que si el control del movimiento ha sido adquirido de forma explícita, con un contenido de alto conocimiento declarativo, las condiciones de doble tarea pueden alterar notablemente la ejecución del movimiento.

También, trabajos anteriores han demostrado que, por el contrario, si el control del movimiento se adquiere por instrucción analógica, con un bajo contenido de conocimiento declarativo, la ejecución motora no se ve afectada por las condiciones de doble tarea. Se puede considerar por tanto como hipótesis que el aprendizaje analógico reducirá el costo de ejecución asociado a las respuestas motoras en situaciones donde se deban tomar decisiones de alta complejidad (Poolton, et al., 2006).

Todo ello nos permite afirmar que, (Poolton et al. 2005), un aprendizaje motor incidental confiere unas características de ejecución beneficiosas, tales como la robustez bajo cargas de tareas secundarias, todo ello a pesar del subsiguiente aprendizaje intencional.

En relación, al tercer punto, la efectividad en la toma de decisiones con límite de tiempo, decir, que los resultados obtenidos por diferentes estudios concluyen que el aprendizaje incidental también confiere mayores beneficios que el aprendizaje intencional. Así lo confirma Masters et al. (2008). También Raab (2003) en sus investigaciones concluye de igual manera, pero añade que el aprendizaje incidental no es superior al intencional en relación, al conocimiento de las reglas explícitas.

Masters et al. (2008) indica que los procesos incidentales son más rápidos y se organizan como un conocimiento sofisticado que puede aplicarse sin conciencia. Son por tanto independientes de la memoria de trabajo, lo que deja al experto con los recursos suficientes para realizar otras tareas, tales como la toma de decisiones.

Un estudio reciente sobre la generación de opciones y las opciones resultantes proporciona evidencia de la presencia, y tal vez la superioridad, de la generación de opciones intuitivas en las tomas de decisiones en los deportes de equipo. (Raab y Johnson, 2008).

En relación, al cuarto y último punto, la efectividad en situaciones de diferente complejidad, los resultados obtenidos por las diferentes investigaciones realizadas (Raab, 2003; Johnstone y Shanks, 2001) llegan a la conclusión de que el aprendizaje incidental puede ayudar en situaciones menos complejas, y que el aprendizaje intencional puede ayudar en situaciones más complejas. No obstante, algunos estudios muestran diferentes resultados, como Johnstone y Shanks (2001), que afirman que el aprendizaje motor incidental es más ventajoso que el aprendizaje motor intencional en situaciones de alta complejidad.

5. Conclusiones

Existen datos que sugieren que ciertas formas de información explícita ofrecida, antes de la práctica de la tarea puede no ser tan útil para aprender, contrario a lo que sería descubrir la solución a la tarea motora solo con la práctica, independientemente del tipo de tarea que se esté aprendiendo (Boyd y Winstein, 2006). Esto último nos puede llevar al concepto de Goldstein y Gigerenzer (2002), citado por Gladwell (2005), de que *menos es más.*

Por todo ello podemos afirmar que, en general, el aprendizaje incidental produce más beneficios en los deportes colectivos donde el tiempo para realizar una acción motriz es muy reducido.

La investigación sobre aprendizaje motor incidental e intencional muestran que el primero aventaja al segundo en algunas características (Poolton y Zachry, 2007), como se muestra más abajo (Tabla 13), o simplemente que los movimientos se pueden aprender implícitamente (Liao y Masters, 2001; Masters de 2000, Maxwell, Masters, y Evers, 2000; Shea, Wulf, Whitacre, y Park, 2001, citados por Raab, 2003). Como afirman Raab y Johnson (2008), la toma de decisiones intuitivas puede ser, al menos, tan exitosa como la estrategia más deliberada (tabla 6).

Partiendo de las ventajas que se obtienen con el aprendizaje incidental descritas anteriormente (Cañas, et al., 1999; Raab, 2003; Masters et al., 2008; Poolton et al., 2006; Johnstone y Shanks, 2001) y de la concepción del mismo que engloba a situaciones que se caracterizan por la ausencia de estrategias de carácter intencional, debemos diseñar tareas que favorezcan la construcción del propio aprendizaje por parte de los jugadores en situación de estrés o límite de tiempo.

Tabla 6. Características del aprendizaje motor incidental e intencional (Poolton y Zachry, 2007).

APRENDIZAJE MOTOR INCIDENTAL	APRENDIZAJE MOTOR INTENCIONAL
Limitada dependencia de la memoria de trabajo	Dependencia incrementada de la memoria de trabajo
Producto del conocimiento declarativo limitado	Producto del aumento del conocimiento declarativo
Rendimiento estable bajo presión psicológica	Rendimiento deteriorado bajo presión psicológica
Rendimiento estable en tareas de doble proceso	Rendimiento deteriorado en tareas de doble proceso

Debemos por tanto desarrollar una metodología que mejore la utilización de los fundamentos del juego de los deportes de invasión en tales circunstancias, diseñando entornos de aprendizaje que favorezcan y demanden la utilización de las habilidades más eficaces en cada situación, entendiendo por eficacia, y basándonos en la distinción que realiza Famose (1992) entre este concepto y eficiencia, como la calidad o nivel del resultado alcanzado en función de los objetivos marcados con independencia del coste, y eficiencia a la relación entre el nivel del resultado obtenido y el coste que haya supuesto la actividad.

Debemos huir de aquellas tareas que determinen dónde y cuándo ejecutar un determinado fundamento, construyendo aquellas otras que provoquen la aparición del concepto que queramos desarrollar, situando a nuestros jugadores en contextos de aprendizaje que así lo demanden, y para ello será fundamental analizar cuestiones tales como ¿qué provoca la necesidad de utilizar un cambio de dirección? ¿Qué provoca la necesidad de utilizar una finta de lanzamiento? ¿Qué provoca la necesidad de utilizar una parada y lanzamiento?

Para ello, organizaremos todos los elementos que intervienen en una situación de juego de tal manera que demanden de alumno la necesidad de, por ejemplo, avanzar rápidamente con la mano izquierda hacia la portería, de situarnos lejos del defensor o de anotar o marcar desde un área de enceste eficaz. De esta manera favoreceremos la formación de estructuras de aprendizaje de intenciones inteligentes en nuestros alumnos.

La clave de una práctica efectiva será pues favorecer que el sujeto construya en cada ensayo la solución de la tarea, y no simplemente en incitarle a que retenga la solución. No consistirá en repetir los medios para solucionar un problema una y otra vez, sino en solucionar un problema motor una y otra vez por medio de técnicas que cambiamos y perfeccionamos de repetición en repetición. Construir frente a recordar.

En todo este proceso la variabilidad de la práctica adquirirá un papel fundamental, pues mantendrá y/o ampliará el factor más característico e importante de los deportes de invasión, *la incertidumbre*, además de favorecer la abstracción por parte de los alumnos de los elementos relevantes del concepto que pretendamos enseñar.

Además, y teniendo en cuenta que una de las características más importantes de los deportes de invasión es el límite del tiempo y que éste además parece ser el factor clave distintivo entre un aprendizaje incidental y otro intencional, pues como afirma Raab y Johnson (2008), un jugador podrá crear procesos intuitivos si el entrenador construye situaciones de alta presión, debemos manipular dicha variable a través de normas de contingencia, las cuales favorecerán, además de una toma de decisión de dificultad gradual por parte de los alumnos, la activación y desarrollo de dicho proceso.

6. Implicaciones educativas

Esta corriente metodológica de concepción constructivista pretende que se desarrolle una nueva forma de enseñar y aprender en nuestra sociedad del conocimiento, pasando de un aprendizaje reproductivo (repetir) a un aprendizaje constructivo (comprender), de una enseñanza dirigida a transmitir contenidos, a la enseñanza dirigida a construir capacidades en nuestros alumnos. De esta manera fomentaremos la autonomía de todos ellos, capaces de tomar decisiones reales y de valorar y extraer conclusiones propias en cada situación.

Cada vez se es más consciente de la necesidad de un cambio en las prácticas deportivas que responda a las necesidades de un entorno cambiante, pues no responden al funcionamiento de los sujetos que interactúan de forma integral con el entorno. Teorías surgidas en el siglo 20 ya no se centran en la reducción de los sistemas en componentes más pequeños, sino que los tratan de forma integral, centrándose en los principios básicos de su organización (Torrents, 2005).

Contreras et al (2001), proponen un nuevo modelo de intervención para el aprendizaje de los deportes, partiendo de un modelo comprensivo basado en la concepción constructivista, el cual implica a la totalidad del alumno, no sólo sus conocimientos previos pertinentes, sino también sus actitudes, sus expectativas y sus motivaciones jugarán un papel de primer orden.

El constructivismo presupone que el conocimiento no está ni en el sujeto ni en el objeto de conocimiento, sino en la interacción entre ambos. El conocimiento es consecuencia de la actividad humana sobre el objeto de conocimiento, y por tanto será esta interacción la que defina que el conocimiento es una construcción (López, 2003). Con este modelo se pretende que los alumnos se involucren activamente en el proceso de aprendizaje, utilizando todos sus recursos cognitivos y motrices, y tratando de relacionar lo que aprenden con lo que ya saben. Es este último aspecto el que le da sentido a la idea constructivista. Se pretende que los alumnos adquieran de cada aprendizaje el qué, el para qué, el porqué y el cuándo de su conducta. No se rechaza el aprendizaje de los aspectos técnicos, ni de la enseñanza repetitiva y analítica para conseguir la automatización de estos movimientos, sino que éstos se subordinan a la necesidad de que el jugador conozca y comprenda su significado en el juego antes de automatizarlos (Alarcón, et al., 2009).

Se pretende formar alumnos capaces de interpretar las situaciones a las que se enfrenten, más que repetir de forma automática la solución a una tarea concreta. Según Cárdenas (2006), enseñar a jugar a baloncesto desde una perspectiva constructivista significa partir de los conocimientos de los jugadores y ayudar a que sean ellos mismos los que construyan sus propios aprendizajes, en un proceso de crecimiento progresivo que sólo puede depender del ritmo de asimilación personal.

Si desarrollamos todo este proceso, desarrollaremos en nuestros alumnos una producción comprensiva frente a una reproducción mecánica, pues accederá al conocimiento a través de la comprensión: ordenará, relacionará, comprenderá y aprenderá. Favorecerá la generación de conductas motrices adaptativas a estímulos genéricos, mejorando así su capacidad de adaptación y convirtiéndoles en individuos activos capaces de resolver adecuadamente las tareas que se le planteen en las sesiones prácticas, y al profesor en un diseñador creativo de dichas tareas. Por todo ello proponemos variabilidad frente a repetición, y producción comprensiva frente a reproducción mecánica.

7. Propuestas de nuevas líneas de investigación

Como indican Poolton, Masters y Maxwell (2006), las líneas futuras de investigación deberían ir encaminadas hacia el diseño de entornos de aprendizaje que fomenten la adquisición de aprendizaje incidental en situaciones de toma de decisiones complejas, en un intento de superar el rendimiento y los trastornos asociados con el doble proceso de toma de decisión y control motor en los deportes de invasión.

Nosotros proponemos además realizar en futuras investigaciones un análisis de la influencia de las emociones en la toma de decisión en el deporte, pues aspectos tales como la percepción de la auto-eficacia tendrán un efecto directo, en mayor o menor grado positivo o negativo, sobre las conductas de decisión, por lo que será necesario tomar en cuenta este tipo de datos a la hora de interpretar los resultados. Por tanto, deberemos valorar de forma conjunta todos aquellos aspectos implicados en la toma de decisión.

A pesar de las limitaciones teóricas y metodológicas actuales, los estudios realizados han ampliado la concepción acerca de las habilidades cognitivas, y advierten que es imprescindible integrar las emociones y los procesos de razonamiento si se quiere conocer realmente el comportamiento humano (Cotini, 2004). Como afirman Iglesias (2003), la pericia es algo más que la suma de algunos componentes (conocimiento y destreza), pues también se encuentra afectada por factores de otra índole, como pueden ser los aspectos emocionales. Se hace necesario recordar que la actividad decisional en el deporte es tanto una actividad cognitiva como afectiva, pues la confianza en las propias posibilidades para decidir es un elemento capital, ya que las decisiones se ven influidas por el estado anímico y afectivo del deportista, sus miedos, temores, confianza en sus posibilidades, apetencias, fatiga, presión del ambiente o de la evaluación subjetiva del riesgo que conlleva tomarlas (García, Graupera y Ruíz, 2009).

8. Referencias bibliográficas

Alarcón, F., Cárdenas, D. & Piñar, M.I. (2004). Factores que influyen en la organización de las tareas para la mejora de los tiempos de práctica en baloncesto. Revista digital efdeportes (10) 74. Extraído el 9 de Mayo de 2011 desde http://www.efdeportes.com/efd74/tareas.htm

Alarcón, F. (2008). Incidencia de un programa de entrenamiento para la mejora táctica colectiva del ataque posicional de un equipo de baloncesto masculino. (Tesis doctoral no publicada). Universidad de Granada.

Alarcón, F., Cárdenas, D., Miranda, M.T. & Ureña, N. (2009). Los modelos de enseñanza utilizados en los deportes colectivos. Investigación educativa (13) 23, 101-128.

Antón, J. & López, J. (1989). La formación y aprendizaje de la técnica y la táctica. En J. Antón, Entrenamiento deportivo en la edad escolar. Bases de aplicación (pp. 89-133). Málaga: Unisport.

Antón, J., Chirosa, J., Ávila, F.M., Oliver, J.F. & Sosa, P. (2000). Balonmano.Alternativas y factores para la mejora del aprendizaje. Madrid: Gymnos.

Balagué, N., Pol, R., Torrent, C. y Hristovski, R. (2019). On the Relatedness and Nestedness of Constraints. Sports Medicine Open, 6,

Batalla, A. (2000). Habilidades motrices. Barcelona: Inde.

Bayer, C. (1992). La enseñanza de los juegos deportivos colectivos. Barcelona: Hispano Europea.

Bennis, W. & Pachur, T. (2006). Fast and frugal heuristics in sports. Psychology of sport and exercise, 7, 611-629.

Berry, D. C. & Broadment, D.E. (1988). Interactive tasks and the implicit-explicit distinction. British Journal of Psychology, 79, 251-72.

Betsch, T. (2008a). The nature of intuition and its Neglect in research on judgment and decision making. En H. Plessner, C. Betsch & T. Betsch. Intuition in judgment and decision making (pp. 3-22). New York: Lawrence Erlbaum Associates.

Betsch. C. (2008b). Chronic preferences for intuition and deliberation in decision making lessons learned about intuition from an individual differences approach. En H. Plessner, C. Betsch & T. Betsch. Intuition in judgment and decision making (pp. 231-248). New York: Lawrence Erlbaum Associates.

Billing, J. (1980). An overview of task complexity. Motor skill: theory into practice, 1, 18-23.

Boné, A. (1998a). Modelos de interpretación del aprendizaje motor. Los modelos cibernéticos. En A. boné, Manual del técnico deportivo. Segundo nivel (pp. 327-331). Zaragoza: Mira.

Boné, A. (1998b). La percepción, decisión, ejecución y control del movimiento. En A. boné, Manual del técnico deportivo. Segundo nivel (pp. 327-331). Zaragoza: Mira.

Boyd, A., & Winstein, J. (2006). Explicit Information interferes with implicit motor learning of both continuous and discrete movement tasks after stroke. Journal of Neurologic Physical Therapy (2), 30, 46-57.

Cañas, J.J., Quesada, J.F. & Antolí, A. (1999). Flexibilidad del conocimiento implícito. Psicothema (11), 4, 901-916.

Cárdenas, D. & Pintor, T. (2001). La iniciación al baloncesto en el medio escolar. En F. Ruiz, A. García & A. Casimiro. La iniciación deportiva basada en los deportes colectivos. Nuevas tendencias metodológicas (pp. 105-142). Madrid: Gymnos.

Cárdenas, D. (2006). El proceso de formación táctica colectiva en el baloncesto desde la perspectiva constructivista. Revista digital Efdeportes (10) 94. Extraído el 8 de Mayo de 2011 desde http://www.efdeportes.com/efd94/balonces.htm

Cárdenas, D., Iglesias, D. & Alarcón, F. (2007). La comunicación durante la intervención didáctica del entrenador. Consideraciones para el desarrollo del conocimiento táctico y la mejora en la toma de decisiones en baloncesto. Cultura, Ciencia y Deporte, 3 (7), 43-50.

Cárdenas, D (2009). La toma de decisiones en Baloncesto: bases neuropsicológicas y su aplicación práctica. En A. Lorenzo, S. Ibañez & E. Ortega, Aportaciones teóricas y prácticas para el baloncesto del futuro (pp. 131-150). Sevilla: Wanceulen.

Cárdenas, D. & Alarcón, F. (2010). Conocer el juego en baloncesto para jugar de forma inteligente. Wanceulen EF digital, 6, 52-72. Extraído el 4 de Mayo de 2011 desde http://www.wanceulen.con/revista/pdf/n6/4-conocer_el_juego_en_baloncesto.pdf

Casáis, L. & Lago, C. (2008). La creatividad motriz en los deportes de equipo. Una aplicación en el fútbol. En A. Martínez & P. Díaz. Creatividad y deporte. Consideraciones teóricas e investigaciones breves (pp. 83-104). Sevilla: Wanceulen.

Castejón, F.J., Giménez, F.J., Jiménez, F. & López, V. (2003). Iniciación deportiva. La enseñanza y el aprendizaje comprensivo en el deporte. Sevilla: Wanceulen.

Contreras, O., De la Torre, E. & Velázquez, R. (2001). Iniciación deportiva. Madrid: Síntesis.

Cotini, N. (2004). La inteligencia emocional, social, y el conocimiento tácito. su valor en la vida cotidiana. En Casullo , M. Psicodebate 5. Psicología, cultura y sociedad, 63-80.

Delgado, M.A. (1991). Hacia una clarificación conceptual de los términos en didáctica de la educación física y el deporte. Revista de Educación Física, 40, 2-10.

Devís, J. & Peiró, C. (1998). Enseñanza de los deportes de equipo: la comprensión en la iniciación de los juegos deportivos. En D. Blázquez, La iniciación deportiva y el deporte escolar (pp. 333-350). Barcelona: Inde.

Díaz, J. (1999). La enseñanza y aprendizaje de las habilidades y destrezas motrices básicas. Barcelona: Inde.

Ezquerro, M. & Buceta, J.M. (2001). Estilo de procesamiento de la información y toma de decisiones en competiciones deportivas: las dimensiones rapidez y exactitud cognitivas. Análise psicológica, 1, 37-50.

Famose, J.P. (1992). Aprendizaje motor y dificultad de la tarea. Barcelona: Paidotribo.

García, J. (2000). Deportes de equipo. Barcelona: Inde.

García, J.A. & Ruíz, L.M. (2003). Análisis comparativo de dos modelos de intervención en el aprendizaje del balonmano. Revista de psicología del deporte (12), 1, 55-66.

García, J.A. & Ruíz, L.M. (2007). Conocimiento y acción en las primeras etapas de aprendizaje del balonmano. APUNTS, 89, 48-55.

García, L., Moreno, P., Moreno, A., Iglesias, D. & Del Villar, F. (2009). Estudio de la relación entre conocimiento y toma de decisiones en jugadores de tenis, y su influencia en la pericia deportiva. Ricyde (5), 17, 60-75.

García, V., Graupera, J.L. & Ruíz, L.M. (2009). Perfiles decisionales de jugadores y jugadoras de voleibol de diferente nivel de pericia. Ricyde (5), 14, 123-137.

Giménez, F.J. (1999). Fundamentos básicos de la iniciación deportiva en la escuela. Sevilla: Wanceulen.

Giménez, F.J. (2000). Fundamentos básicos de la iniciación deportiva en la escuela. Sevilla: Wanceulen.

Gladwell, M. (2005). Inteligencia intuitiva. ¿Por qué sabemos la verdad en dos segundos? Madrid: Taurus.

Grosser M. & Neumayer, A. (1986). Técnicas de entrenamiento. Barcelona: Martínez Roca.

Hernández, J (1994). Análisis de las estructuras del juego deportivo. Barcelona: Inde.

Hernández , J (1996). Hacia la costrucción de un mapa de la acción estratégica motriz en el deporte. R.E.D. Tomo XIII, 1, 5-12.

Iglesias, D., Moreno, P., Julián, J.A., Cervelló, E. & Del Villar, F. (2003). Conocimiento procedimental y toma de decisiones en baloncesto: los años de experiencia como variable predictoria. V Congreso Internacional sobre la enseñanza de la Educación Física y el Deporte Escolar. Valladolid: Universidad de Cantabria.

Iglesias, D. (2006). Efecto de un protocolo de supervisión reflexiva sobre el conocimiento procedimental, la toma de decisiones y la ejecución en jugadores jóvenes de baloncesto. (Tesis doctoral no publicada). Universidad de Extremadura.

Iglesias, D., Cárdenas, D. & Alarcón, F. (2007). La comunicación durante la intervención didáctica del entrenador. Consideraciones para el desarrollo del conocimiento táctico y la mejora en la toma de decisiones en baloncesto. Ciencia, Cultura y Deporte (3), 7, 43-50.

Jiménez, L. (2008). ¿Para qué sirve la conciencia en el aprendizaje?. Del Comandante Data, su zombi y otras películas. Ciencia Cognitiva (2) 1, 44-46. Extraído el 2 de Abril de 2011 desde http://medina-psicologia.ugr.es/~cienciacognitiva/files/2008-16.pdf.

Johnstone, T. y Shanks. D. (2001). Abstractionist and processing accounts of implicit learning. Cognitive Psychology, 42, 61-112.

Kibele, A. (2006). Non-consciously controlled decision making for fast motor reactions in sports. A priming approach for motor responses to non-consciously perceived movement features. Psychology of Sport and Exercise, 7, 591-610.

Knapp, B. (1979). La habilidad en el deporte. Valladolid: Miñón.

Lawther, J. (1968). Aprendizaje de las habilidades motrices. Barcelona: Paidós.

Le Boulch, J. (1978). Hacia una ciencia del movimiento humano. Buenos Aires: Paidós.

López, V. (2003). Enseñanza, aprendizaje e iniciación deportiva: la interacción educativa en el aprendizaje comprensivo del deporte. En Castejón, F.J., Iniciación deportiva. La enseñanza y el aprendizaje comprensivo del deporte. Sevilla: Wanceulen.

López, M.F., Introzzi, I. & Richard's M.M. (2009). La independencia del aprendizaje implícito con respecto a la inteligencia general en niños de edad escolar. Anales de psicología (25), 1, 112-122.

Mahlo, F. (1969). La acción táctica en el juego. Ciudad de la Habana: Pueblo y Educación.

Martín, A. & Lago, C. (2005). Deportes de equipo. Comprender la complejidad para elevar el rendimiento. Barcelona: Inde.

Martín, D., Carl, K. & Lehnertz, K (2001). Manual de metodología del entrenamiento deportivo. Barcelona: Paidotribo.

Martín-Barrero, A. (2019). El proceso de enseñanza-aprendizaje. Aproximación a un enfoque basado en competencias en el fútbol formativo. Sevilla: Wanceulen.

Martínez, J.M. (2004). Aprendizaje implícito y explícito de secuencias: determinantes e indicadores. (Tesis doctoral no pulicada). Universidad de Granada.

Masters, R., Poolton, J., Maxwell, J. & Raab, M. (2008). Implicit motor learning and complex decision making in time-constrained environments. Journal of motor behavior (40), 1, 71-79.

Mingorance, A.C. & Torres, C. 2006). Medios técnico-tácticos colectivos. Hacia un enfoque comprensivo avanzado. En C. Torres, La formación del educador deportivo en baloncesto. Bloque específico nivel II, (pp.7-49). Sevilla: Wanceulen.

Moreno, P., Fuentes, J.P., Del Villar, F., Iglesias, D. & Julián, J.A. (2003). Estudio de los procesos cognitivos desarrollados por el deportista durante la toma de decisiones. APUNTS, 73, 24-29.

Navarro, V. (2002). El juego motor modificado como integrador con alumnos con necesidades educativas especiales. Lecturas: Educación física y deportes [en línea], nº 47, Disponible en: http://efdeportes.com/efd47/rolpri.htm [Consulta: 2011, 14 de Abril].

Núñez, J.P. (1998). Aprendizaje inconsciente. Condicionamiento a estímulos visuales subliminales. (Tesis doctoral no publicada). Universidad de Madrid.

Ortega, E. y Sainz, P. (2009). Manual práctico para el diseño de tareas en baloncesto en etapas de formación. Murcia: Diego Marín.

Parlebás, P. (2001). Léxico de praxiología motriz. Barcelona: Paidotribo.

Piéron, M. (1988). Didáctica de las actividades físicas y deportivas. Madrid: Gymnos.

Plessner, H. & Czenna, S. (2008). The benefits of intuition. En H. Plessner, C. Betsch & T. Betsch. Intuition in judgment and decision making (pp. 251-265). New York: Lawrence Erlbaum Associates.

Poolton, J., Masters, R. & Maxwell, J. (2005). The relationship between initial errorless learning conditions and subsequent performance. Human movement science, 24, 362-378.

Poolton, J.M., Masters, R.S. & Maxwell, J.P. (2006). The influence of analogy learning on decision-making in table tennis: Evidence from behavioural data. Psychology of Sport and Exercise, 7, 677-688.

Poolton, J. & Zachry, T. (2007). So you want to learn implicitly?. Coaching and learning through implicit motor learning techniques. International Journal of Sports Science & Coaching (2), 1, 67-78.

Raab, M. (2003). Decision making in sports: influence of complexity on implicit and explicit learning. Journal of sport and exercise, 1, 310-337.

Raab, M. & Johnson, J. (2008). Implicit learning as a means to intuitive decision making in sports. En H. Plessner, C. Betsch & T. Betsch. Intuition in judgment and decision making (pp. 119-133). New York: Lawrence Erlbaum Associates.

Reber, A. (1989). Implicit learning and tacit knowledge. Journal of Experimental Psychology, 118, 219-235.

Riera, J. (1989). Fundamentos del aprendizaje de la técnica y la táctica deportivas. Barcelona: Inde.

Robb, M. (1972). Task analysis: a consideration for teachers of skills. Researh quarterly, 43, 362-373.

Ruiz, L.M. (1994a). Factores que influyen en el aprendizaje motor. APUNTS, 38, 34-40.

Ruiz, L.M. (1994b). Deporte y aprendizaje. Procesos de adquisición y desarrollo de habilidades. Madrid: Visor.

Ruiz, L.M. (1995). Competencia motriz. Elementos para comprender el aprendizaje motor en educación física escolar. Madrid: Gymnos.

Ruiz, L.M. & Sánchez, F. (1997). Rendimiento deportivo. Claves para la optimización de los aprendizajes. Madrid: Gymnos.

Ruiz, L.M. & Arruza, J. (2005). El proceso de toma de decisiones en el deporte. Clave de la eficiencia y el rendimiento óptimo. Barcelona: Paidós.

Sáenz-López, P. (2006). La formación del jugador de baloncesto de alta competición.Sevilla: Wanceulen.

Sánchez, F. (1992). Bases para una didáctica de la educación física y el deporte. Madrid: Gymnos.

Schmidt, R.A. (1975). A schema theory of discrete motor skill learning. Psychological Review, 82, 225-260.

Schonborn, R. (1999). Tenis. Entrenamiento técnico. Madrid: Tutor.

Sun, R., Slusarz, P. & Terry, C. (2005). The interaction of the explicit and the implicit in skill learning: a dual-process approach. Psychological review (112), 1, 159-192.

Tubau, E. & Moliner, J. (1999). Aprendizaje implícito y explícito: ¿dos procesos diferentes o dos niveles de abstracción?. Anuario de Psicología (30), 1, 3-23.

Turner, A. P. & Martinek, T. J. (1992). A comparative analysis of two models for teaching games (Technique approach and game-centeres. International Journal of Physical Education, 29 (4), 15-31.

9. Anexos

Anexo I: validez y fiabilidad de la intervención de los entrenadores.

Grupo experimental _____________ Nº sesión___________ Fecha ___________

EJERCICIO	TIEMPO TÉCNICO	TIPO INFORMACIÓN	TIEMPO PRÁCTICA	% SIMILITUD		SITUACIÓN E-A CORRECTA	T.E. CORRECTA
				TIPO INFOR	TIEMPO		
Nº 1						SI - NO	SI - NO
Nº 2						SI - NO	SI - NO
Nº 3						SI - NO	SI - NO
Nº 4						SI - NO	SI - NO
Nº 5						SI - NO	SI - NO
SIMILITUD CON LA SESIÓN TEÓRICA							

Anexo II: evaluación del conocimiento procedimental de los jugadores.

CUESTIONARIO PARA LA VALORACIÓN DEL CONOCIMIENTO PROCEDIMENTAL EN BALONCESTO

NOMBRE Y APELLIDOS: _______________________________

EDAD: _________

LEE ATENTAMENTE LAS PREGUNTAS Y SEÑALA CON UNA CRUZ LA RESPUESTA CORRECTA ¡¡NO TE OLVIDES DE CONTESTARLAS TODAS!!

1. ¿Qué es lo primero que debe hacer un jugador cuando tiene el balón en ataque?
- Botar el balón hasta llegar a canasta para intentar realizar un lanzamiento.
- Pasar el balón cuanto antes a algún compañero, para que sea él quien lance a canasta.
- Analizar la situación de juego para luego decidir la mejor opción. O Lanzar a canasta directamente.

2. Imagínate que tu equipo inicia un contraataque mientras coges el rebote. ¿Qué harías después de coger el rebote?
- Botar el balón hasta llegar a la canasta contraria y lanzar un triple.
- Botar el balón hasta encontrar un compañero libre.
- Botar el balón hasta medio campo.
- Dar un pase rápido de contraataque al compañero desmarcado.

3. Imagínate que coges un rebote de ataque cerca de la canasta y no tienes defensores. ¿Qué harías?
- Botar para alejarme del aro.
- Pasar a un compañero.
- Lanzar a canasta lo más rápidamente posible.
- Esperar a que me hagan un bloqueo.

4. Imagínate que quedan 15 segundos para que finalice el primer cuarto del partido, y tú tienes el balón. ¿Qué harías?

- Lanzar rápidamente para que haya posibilidades de volver a hacer otro lanzamiento.
- Tratar de forzar una falta personal.
- Tratar de mantener el balón fuera del alcance del equipo contrario hasta que   finalice el tiempo.
- Tratar de mantener el balón con la ayuda de los compañeros para realizar un solo lanzamiento al final.

5. Imagínate que estás con el balón en las manos, ¿qué harías para superar una defensa presionante en todo el campo?
- Realizar un pase largo.
- Darle el balón al compañero del equipo que mejor bote.
- Utilizar pases cortos y rápidos.
- No hacer nada en concreto.

6. Si en un partido estás con el balón en la línea de tiros libres, ¿Cuál de las siguientes opciones sería la mejor para utilizar el bote?

- Cuando no puedes pasar a ningún compañero libre de marcaje.
- Cuando el defensor te pone en una situación comprometida con posibilidades de robarte el balón.
- Cuando en el camino hacia canasta no hay ningún defensor, o éste se encuentra muy próximo.
- Cuando el defensor no me está presionando mucho.

7. Imagínate que estás con el balón cerca de tu propia canasta y has agotado la opción de bote. Realizar un pase largo y bombeado hacia un compañero que está situado en medio campo ¿es una buena opción de juego? ¿por qué?

- Si, porque es la forma más rápida de conseguir llevar el balón hacia la otra canasta.
- Sí, porque así la defensa tiene menos opciones de interceptar el balón.
- No, un pase bombeado es más difícil de controlar.
- No, un pase bombeado es más fácil de interceptar por los defensores.

8. Imagínate que estás en una situación de 1 contra 1 botando hacia canasta con el defensor debajo del aro. ¿Qué tipo de lanzamiento emplearías para conseguir canasta?
- Lanzamiento de gancho.
- Lanzamiento en bandeja.
- Lanzamiento sin salto.
- Lanzamiento con salto, realizando una parada previamente.

9. Imagínate que vas botando hacia canasta de forma rápida por un espacio libre, y tu defensor te persigue por detrás. ¿Qué tipo de lanzamiento a canasta realizarías?

- Lanzamiento en bandeja.
- Lanzamiento sin salto.
- Lanzamiento en suspensión.
- Lanzamiento de gancho.

10. Si te están taponando habitualmente los lanzamientos exteriores que realizas en un partido, ¿qué harías?
- Prestar mayor atención a la distancia que me separa de mi defensor.
- No lanzar desde posiciones exteriores.
- No lanzar ninguna vez más en el partido.
- Intentar forzar el lanzamiento.

11. Imagínate que estás con el balón en las manos y tienes un defensor muy cerca de ti con los brazos levantados. ¿Qué tipo de pase emplearías para pasar a un compañero que está libre de marcaje y cerca de ti?
- Pase de pecho.
- Pase bombeado.
- Pase picado (pase con bote).
- Pase de béisbol.

12. Imagínate que estás en un partido en posesión del balón en la posición de alero. ¿A qué compañero le pasarías el balón?

- A un compañero de equipo que está libre de marcaje en medio campo.
- A un compañero de equipo que se desplaza hacia ti con el defensor muy cerca de   él.

- A un compañero de equipo que está libre de marcaje y se desplaza hacia la canasta.
- A un compañero de equipo que tiene el defensor en línea de pase.

13. ¿En qué momento le darías un pase a un compañero?

- Cuando mi compañero me esté mirando y libre de marcaje.
- Cuando ni mi compañero ni el defensor se esperen un pase.
- Cuando mi compañero haya conseguido alejarse del defensor.
- Cuando mi compañero se desplace hacia el aro.

14. Si botas el balón inmediatamente después de recibir un pase, ¿es ésta una acción buena o mala? ¿por qué?

- Mala, porque sólo se debe botar cuando sea estrictamente necesario, reservando el bote como recurso para poder desplazarse posteriormente.
- Mala, porque hace el juego más lento y dificulta a los compañeros que se muevan por la pista.
- Buena, porque permite observar a la defensa y decidir mejor qué hacer. O Buena, porque puedes superar a los defensores mientras los compañeros intentan recibir un pase.

15. ¿Por qué botar hacia el aro es una buena acción táctica?

- Porque permite a los defensores ocupar mucho espacio en la pista.
- Porque permite atraer a los defensores y, como consecuencia, hay compañeros que se queden libres de marcaje.
- Porque así se engaña a la defensa.
- Porque se obliga a que los defensores realicen cambios en los marcajes.

16. ¿Qué tipo de cambio de mano durante la acción de bote emplearías para cambiar de dirección si tienes el defensor muy pegado al balón y no tienes opción de pase?

- El cambio de mano por delante.
- El reverso.
- El cambio de mano entre piernas.
- Agotaría el bote e intentaría buscar una opción de pase.

Anexo III: hoja de registro utilización lanzamiento a la canasta. Variables contextuales.

PLANILLA DE OBSERVACIÓN DE LA UTILIZACIÓN DEL LANZAMIENTO A CANASTA	HOJA 1 DE 2																																																			
EQUIPO	JUGADOR	GESTOFORMA DEL LANZAMIENTO														PRESIÓN DEFENSIVA								ZONADEL CAMPO DE LANZAMIENTO																VALOR			ROL					EFICACIA				
		L.E.S.S.	L.E.C.S.	L.E.SUSP.	L.T.P.A.E.X.	L.T.P.A.S.S.	L.A.P.M.M.	L.A.P.C.M.	L.T.P.A.S.G.	G.S.S.	G.C.S.	G.SUSP.	MATE	PALMEO	OTROS	NULA	BAJA	MEDIA	ELEVADA	SUBMAX	MAXIMA	ILEGAL	OTROS	1	2	3	4	5	6	7	8	9	10	11	12	13	14	15	16	1	2	3	BASE	ESCOLTA	ALERO	ALA-PIVOT	PIVOT	ACIERTO	ERROR	FALTA	TAPON	OTRAS

Anexo IV: hoja de registro utilización del lanzamiento a la canasta. Variables de eficacia y rendimiento.

PLANILLA DE OBSERVACIÓN DE LA UTILIZACIÓN DEL TIRO — HOJA 2 DE 2																				
		EFICACIA TÉCNICA								EFICACIA TACTICA						EFICACIA RENDIMIENTO				
		ACCIONES CORRECTAS				ACCIONES INCORECTAS				ACC. CORREC			ACC. INCORREC.			ACC. CORRECTAS			ACC. INCORRECTAS		
EQUIPO	JUGADOR	TIRA CON EQUILIBRIO	MODELO ADECUADO	SUFICIENTE PARÁBOLA	SUFICIENTE FUERZA	TIRA SIN EQUILIBRIO	MODELO NO ADECUADO	INSUFICIENT PARÁBOLA	INSUFICIENT FUERZA	TIRA DESDE ESPACIO EFICAZ	TIRA CON VENTAJA	POSIBILIDAD REBOTE	TIRA DESDE ESPACIO NO EFICAZ	TIRA SIN VENTAJA	NO POSIBILIDAD REBOTE	CANASTA	RECIBE FALTA	RECIE FALTA - CANASTA	TIRO FALLIDO	TAPON RECIBIDO	FALTA EN ATAQUE

Anexo V: hoja de registro de la utilización del pase. Variables contextuales.

PLANILLA DE OBSERVACIÓN DE LA UTILIZACIÓN DEL PASE   HOJA 1 DE 2

EQUIPO	JUGADOR	MANOS			E.M.F.			LADO			TRAYECTO					GESTOFORMA							ZONA SALIDA	PRESIÓN AL PASADOR								ZONA RECEP	PRESIÓN RECEPTOR								EFICACIA					
		1	2	DESDE 2 A 1	DESDE	DEBAJO	ENCIMA	IZQUIERDA	CENTRO	DERECHA	TENSO	PICADO	PARABOLA	SIN DESPL.	OTROS	EXTENSION	BEISBOL	ESPALDA	PIERNAS	GANCHO	PALMEO	OTROS		NULA	BAJA	MEDIA	ELEVADA	SUBMAX	MAXIMA	ILEGAL	OTROS		NULA	BAJA	MEDIA	ELEVADA	SUBMAX	MAXIMA	ILEGAL	OTROS	INEF REC	INEF PAS	CUASI	EFICAZ	MAXIMA	OTROS

Anexo VI: hoja de registro de la utilización del pase. Variables de eficacia y rendimiento.

PLANILLA DE OBSERVACIÓN DE LA UTILIZACIÓN DEL PASE HOJA 2 DE 2																	
EQUIPO	JUGADOR	EFICACIA TÉCNICA				EFICACIA TÁCTICA										EFICACIA RENDIMIENTO		
		ACC. CORREC		ACC. INCORR		ACCIONES CORRECTAS					ACCIONES INCORRECTAS					ACC. CORREC		ACC. INCORREC
		FUERZA SUFICIENTE	BUENA PRECISION	FUERZA NO SUFICIENTE	MALA PRECISION	EFECTUA ACCIONES PREVIAS	NO MUESTRA LAS INTENCIONES	ACERCA EL BALÓN A CANASTA	PASA A COMPAÑERO CON VENTAJ	NO EFECTUA ACCIONES PREVIAS	MUESTRA LAS INTENCIONES	NO ACERCA EL BALÓN A CANASTA	PASA A COMPAÑERO SIN VENTAJ	RECEPCION CORRECTA	ASISTENCIA	RECEPCION DINCORRECTA	PERDIDA

Anexo VII: hoja de registro de la utilización del bote. Variables contextuales.

PLANILLA DE OBSERVACIÓN DE LA UTILIZACIÓN DEL BOTE HOJA 1 DE 2																												
		TIPO DE BOTE					PRESIÓN DEFENSIVA												ACCION PREVIA					ROL				EFICACIA		
EQUIPO	JUGADOR	ESTATICO	PTOTECCION	MIXTO 1	AVANCE	MIXTO 2	NULA	BAJA	MEDIA	ELEVADA	SUBMAXIMA	MAXIMA	ILEGAL	OTROS	ZONA INICIO BOTE	ZONAS BOTANDO	ZONA FIN BOTE	PASE	REBOTE	INTERCEPC.	BOTE PREV.	CAMBIO MA	BASE	ESCOLTA	ALERO	ALA-PIVOT	PIVOT	VENTAJA	NO VENTAJA	PIERDE

Anexo VIII: hoja de registro de la utilización del fundamento del bote. Variables de eficacia y rendimiento.

PLANILLA DE OBSERVACIÓN DE LA UTILIZACIÓN DEL BOTE — HOJA 2 DE 2

EQUIPO	JUGADOR	EFICACIA TÉCNICA								EFICACIA TÁCTICA						EFICACIA RENDIM	
		ACCIONES CORRECTAS				ACCIONES INCORRECTAS				ACC. CORRECTAS			ACC. INCORRECTAS				
		BOTA CON MAXIMA SEGURIDAD	BOTA CON MAX AMPLITUD VISUAL	BOTA CON MANO ALEJADA DEL DEFENSOR	UTILIZA TIPO DE BOTE ADECUADO	BOTA SIN MAXIMA SEGURIDAD	BOTA SIN MAX AMPLITUD VISUAL	NO BOTA CON MANO ALEJADA DEL DEFENSOR	NO UTILIZA TIPO DE BOTE ADECUADO	CONSIGUE VENTAJA PARA PASE O TIRO	BOTA AVANZANDO HACIA CANAST	BOTA CUANDO EXISTE NECESIDAD	NO CONSIGUE VENTAJA PARA PASE O TIRO	NO BOTA AVANZANDO HACIA CANAST	BOTA CUANDO NO EXISTE NECESIDAD	NO PIERDE BALÓ	PIERDE EL BALÓN

Anexo IX: tratamiento estadístico de los resultados obtenidos del estudio.

VARIABLES			TRATAMIENTO ESTADÍSTICO (G1= Grupo Incidental, G2 = Grupo intencional)		
			HIPÓTESIS	RELACIÓN	TIPO
A INDEPENDIENTES	1. METODOLOGÍA APRENDIZAJE INCIDENTAL		H1	G1 B4 – G2 B4	Para valorar cuantitativamente el conocimiento procedimental de cada grupo, se calculará el porcentaje de acierto sobre el total de preguntas que se plantean en el cuestionario. Para analizar las diferencias entre ambos grupos, se utilizará la prueba *T de Student*.
	2. METODOLOGÍA APRENDIZAJE INTENCIONAL		ROBUSTO ANTE EL OLVIDO		
B DEPENDIENTES	1. EFICACIA TÉCNICA	a. TIRO	H2	G1 B1 – G2 B1 G1 B2 – G2 B2 G1 B3 – G2 B3	Para analizar las diferencias en relación a las variables de eficacia ante el doble proceso, se aplicará un ANOVA de medidas repetidas para ambos grupos
		b. PASE			
		c. BOTE	EFICAZ ANTE EL DOBLE PROCESO		
	2. EFICACIA TÁCTICA	a. TIRO	H3	G1 B1 – G2 B1 G1 B2 – G2 B2 G1 B3 – G2 B3 Solo situaciones de presión defensiva elevada, sub-máxima y máxima	Para analizar las diferencias en relación a las variables de eficacia en situaciones de límite de tiempo, se aplicará un ANOVA de medidas repetidas para ambos grupos
		b. PASE			
		c. BOTE	EFICAZ SITUACIONES LÍMITE DE TIEMPO		
	3. EFICACIA RENDIMIENTO	a. TIRO	H4	G1 B1 – G2 B1 G1 B2 – G2 B2 G1 B3 – G2 B3 Solo situaciones de presión defensiva nula, baja y media Comparar resultado H3-H4	Para analizar las diferencias en relación a las variables de eficacia en situaciones de diferente dificultad, se aplicará un ANOVA de medidas repetidas para ambos grupos
		b. PASE			
		c. BOTE	EFICAZ SITUACIONES DIFERENTE DIFICULTAD		
	4. CONOCIMIENTO PROCEDIMENTAL				

Anexo X: listado de tablas y figuras.

TABLAS	FIGURAS
Marco teórico Tabla 1. Complejidad de una tarea desde el punto de vista perceptivo. Tabla 2. Complejidad de una tarea desde el punto de vista de la toma de decisión. Tabla 3. Estilos de enseñanza. Método Tabla 4. Fases del estudio. Tabla 5. Herramientas utilizadas para el estudio. Resultados y conclusiones Tabla 6. Características del aprendizaje motor incidental e intencional.	Marco teórico Figura 1. Elementos que intervienen en el proceso de enseñanza-aprendizaje. Figura 2. Habilidad en la que la mayor parte de las acciones se dan durante la ejecución. Figura 3. Ejemplo 1 de movimientos aprendidos. Figura 4. Ejemplo 2 de movimientos aprendidos. Figura 5. ¿Qué almacenamos en la memoria? Figura 6. Las capacidades del jugador en el juego. Figura 7. Competencias docentes más significativas. Figura 8. Variables que afectan a los tiempos de práctica en las sesiones. Figura 9. Error en el proceso de E-A. Figura10. Pedagogía de la acción diversificada según Bonnet.

www.ingramcontent.com/pod-product-compliance
Lightning Source LLC
LaVergne TN
LVHW080436200726
843507LV00004B/841